シリーズ「遺跡を学ぶ」017

石にこめた縄文人の祈り

大湯環状列石

秋元信夫

新泉社

石にこめた縄文人の祈り
―大湯環状列石―

秋元信夫

【目次】

装　幀　新谷雅宣
本文図版　松澤利絵

第1章　北の巨大モニュメント

1　縄文人による石の造形

台地上の二つのストーンサークル

秋田県の北東部を占める鹿角《かづの》盆地を花輪地区から県道・大湯花輪線で北上すると、十和田湖へと通じる大湯温泉郷の少し手前、大湯川と豊真木沢《とよまきざわ》川によってつくられた南西方向にのびる舌状台地上で、数十センチの石を厖大にならべた二つの巨大な輪に遭遇する（図1、3）。県道の北西側にあるのが万座《まんざ》環状列石、南東側にあるのが野中堂《のなかどう》環状列石で、あわせて大湯環状列石とよばれている。

図1 ● 北方向からみた大湯環状列石
環境整備後の環状列石周辺。左上が野中堂環状列石、右下が万座環状列石。

大湯環状列石は、この二つの環状列石を中心とした、縄文時代の巨大記念物（モニュメント）を代表する遺跡である。以前は野中堂環状列石を野中堂遺跡、万座環状列石を万座遺跡、両者を含むこの周辺を中通《なかどおり》遺跡とよばれたこともあった。

両列石の規模は、野中堂が径四二メートル、万座が径四八メートルで、いずれも径または辺の長さが一〜二メートルの配石《はいせき》（組石《くみいし》）遺構が一〇〇基以上集まってできている。配石遺構は二重の環状に配置され、内側の環帯《かんたい》を内帯《ないたい》、外側の環帯を外帯《がいたい》とよんでいる。そして内・外帯間の特殊な位置には「日時計状組石」一基が構築されている。

これらの環状列石は、一九三一年に耕地整理の際に発見され、数度の発掘調査により、縄文時代後期、いまから約四〇〇〇年から三五〇〇年前につくられたことがわかっている。その性格については、日時計であるとか、天体観測施設であるという見解から、墓地、祭祀場であるという所見まで、じつにさまざまな意見

図2 ● 整備された万座環状列石周辺

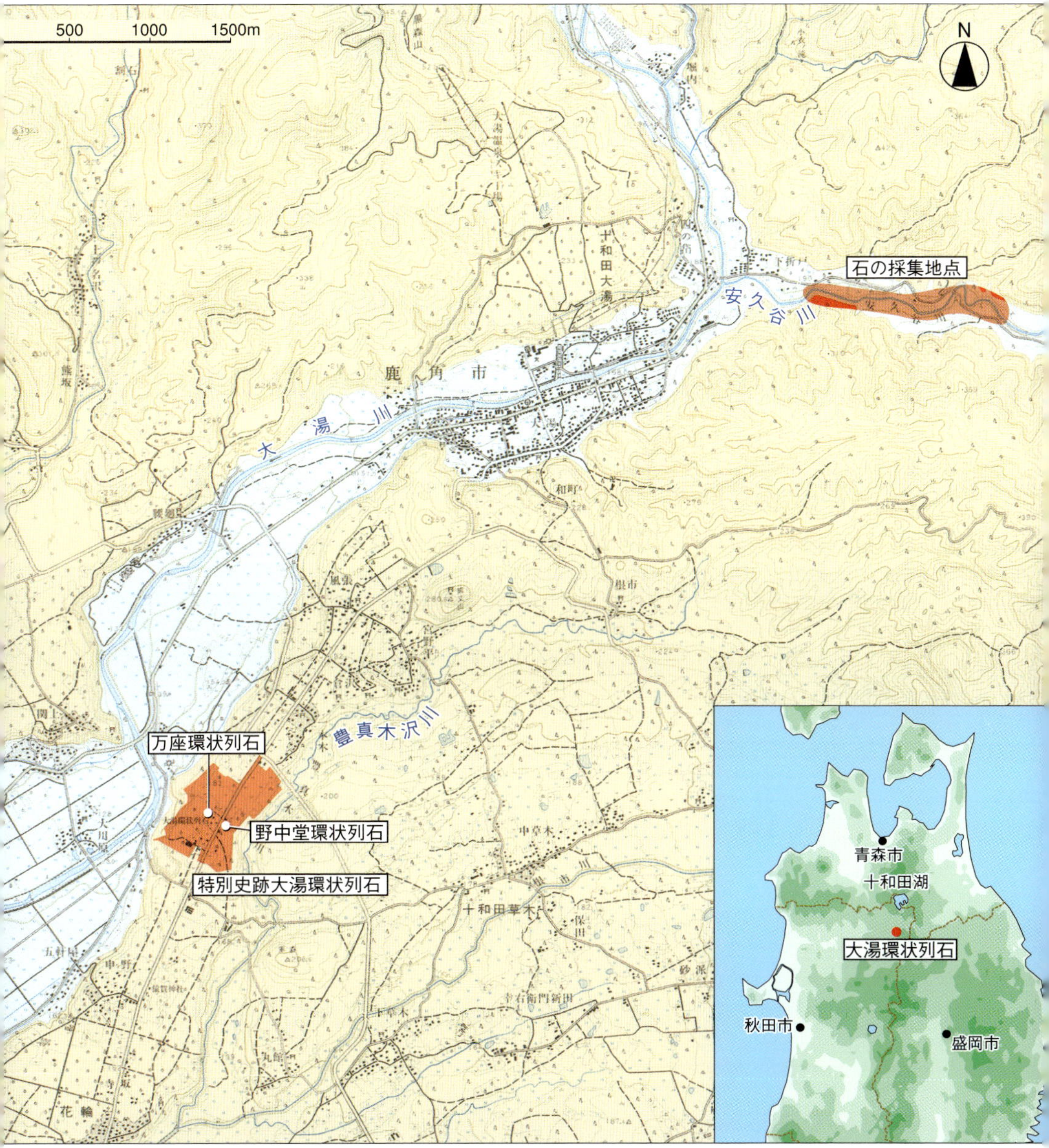

図３ ● 大湯環状列石の位置
大湯川と豊真木沢川によってつくられた南西方向にのびる長さ5.6km、幅0.5～1 kmの舌状台地上にある。遺跡付近の標高は180 m前後、北西側水田との比高は約56mである。

が述べられてきたが、いまだ定説は確定していない。縄文時代の同種遺構、遺跡を代表する例として、一九五六年には国の特別史跡に指定されている。発見から七〇余年後の今日まで、地元の人びとや考古学者、そして学界などから大きな関心が寄せられ、たびかさなる調査や研究をもとに、近年は史跡の整備と活用のための努力が注がれている貴重な遺跡である。

縄文人が石でつくった遺構

縄文人が石を用いてつくった遺構にはさまざまな形態、規模のものがあり、そのつくられた目的も一様ではない。それらは「環状石籬《せきり》」「ストーンサークル」「組石遺構」「配石遺構」「組石棺墓」などとよばれてきたが、戦後はこれらの遺構を総称する用語として「配石遺構」が多用されるようになった。

これらの配石遺構のうち、一般に「環状列

図4 ● 万座環状列石
以前は保護のため周囲にフェンスを設置していた。

石」とよばれるものは、環状石籬、環状列石、ストーンサークルと命名されている遺構で、「縄文人が石を円あるいは環を意識して配置した大規模な配石遺構」と理解されている。

この環状列石という特異な遺構は、日本考古学史上どのようにして学界や一般の人びとに知られるようになったのだろうか。

この種の遺構がはじめて知られたのは北海道であった。一八八六年、渡瀬荘三郎が『東京人類学会』に「北海道後志《しりべつ》国に存する環状石籬遺跡」と題して、小樽市三笠山（忍路《おしょろ》環状列石）の調査結果を発表した。環状石籬はストーンサークル（英語）、クロムレック（仏語）の訳語で、渡瀬がヨーロッパの巨石記念物との関連で環状列石をとらえていたことがうかがえる。

太平洋戦争後、各地で発掘調査がおこなわれるようになると、環状列石・配石遺構の報告例が増え、研究も活発になっていく。

図５ ● 野中堂環状列石
周囲にめぐらされていたフェンスは環境整備事業により撤去された。

2　墓場か、祭祀場か

駒井和愛《かずちか》は、ニセコ、余市、小樽、音江《おとえ》などでの調査結果をもとに、北海道の環状列石を（1）ストーンサークル、（2）環状列石墓、（3）立石遺構の三種類に分類し、北海道のこの種の遺構のほとんどが墓であるとした。

一方、大場磐雄は、一九五七年に刊行された長野県上原《わっぱら》遺跡の報告書で、既報告の六〇例を整理し、（A）環状列石（環状石籬）、（B）石積（組石）、（C）立石、（D）列石、（E）組石棺、（F）敷石住居に分類し、さらにこれらをまとめて二種類に分け、第一類を墓、第二類をそれ以外の施設とし、祭祀説を有力とした。

一九六〇年以降、開発事業が増加し、七〇年代以降になるとさらに事業が大規模化して、発掘件数の増加と規模の増大をもたらした。その結果、さまざまな配石遺構が発見されるとともに、他の遺構や集落とのかかわりを考察できる貴重な資料が蓄積されることとなった。

一九八九年以降、青森市小牧野《こまきの》遺跡、一戸町御所野《ごしょの》遺跡、滝沢市湯舟沢《ゆぶねざわ》Ⅱ遺跡など大規模な環状列石が発見されて、環状列石や配石遺構への関心が高まり、各地で研究発表会やシンポジウムが開催されるようになった。

これらのシンポジウムでも、この種の遺構は環状石籬、環状列石、ストーンサークル、配石遺構などさまざまな名称でよばれている。これは、一度命名された遺跡名が固有名詞化し、後に変更しにくいことによる。環状列石や配石遺構研究の進展のためにも、できるだけ早く遺構

図６ ● **さまざまな環状列石**

上：北海道・忍路環状列石。１～２ｍの細長い石を南北33m、東西22mの楕円形に並べている。

下：青森県・小牧野遺跡の環状列石。大規模な造成と小牧野型とよばれる特殊な配石を特色とする。隅丸長方形に近い楕円形で、外帯35m、内帯29m。

形態の分類と用語の整理、統一が必要であろう。

機能・性格の問題については、従来、配石の下に墓坑《ぼこう》があるかどうかが焦点となった。下に墓坑があれば、環状列石の機能・性格は墓ということになる。しかし、墓坑が確認できないからといって墓標でないとはいえない。坑の掘り込みが浅い場合や再葬も考えられ、そして配石と墓坑が対応しない例もある。

今後は、配石下のみならず周辺の土坑との関連を考察するとともに、科学的な分析をも利用し、配石下の詳細な調査をおこなう必要がある。また、周囲の掘立柱建物跡《ほったてばしらたてもの》や竪穴住居跡《たてあなじゅうきょ》との位置関係、対応関係にも注意を払う必要があろう。

環状列石と関連ある遺構に、環状土籬や周堤墓《しゅうていぼ》とよばれる遺構がある。これらの遺構は縄文時代後期末に北海道に出現する。環状に土堤をめぐらし、そのなかに墓坑をつくる遺構で、土堤の直径が七五メートル、高さ五・四メートルにおよぶものもある。

環状列石や周堤墓のような大規模な遺構は、少人数でつくり得るものではなく、むらびと総出で、あるいは数集落の人びとによってつくられ、使用されたものと考えられている。そのため、これらの遺構は、縄文時代の社会構造や精神文化を考察できる貴重な遺構なのである。

本書では、大湯環状列石の謎を追求し、保存・活用に力を尽くした地元の人びとや研究者の足跡をたどりながら、大湯環状列石の魅力と学問上、歴史上の意義を再確認していきたい。また、一九九八年から継続している史跡の環境整備事業も紹介しよう。

第２章　発掘と保存の歩み

1　地域の人びとによる発見と保存

石群の発見

大湯環状列石の発見は早く、いまから七四年前の一九三一年四月のことであった。この周辺は大正時代末から水田にするための耕地整理がおこなわれており、その工事中に発見されたのである。

発見当時の様子は、俳匠であり郷土史家でもあった、本遺跡の発見者、浅井末吉（小魚《しょうぎょ》、図7）の日記『遺蹟巡礼日記』からうかがい知ることができる。同日記の一九三一年六月二六日付にある『先住民遺蹟調査申請書』には、「本年四月中当町耕地整理地より偶然発掘せられし土器完全壱個を得しを端緒として発掘数個を得し所あり。右場所よりヤ々西方畑中にストーンサークルと覚しきもの暴掘に遇ひ石柱散乱地底掘下げられしを廻り見て、呆然たるものあり」

という記述がある。

　また、翌年一二月七日の項には「……野中堂新道の左側畑地盤よりわずかに頭数を現している四、五個の石を掘り出してもらったのであった。然るに此の石廓のあらわれは大変面白く、雀翼《かくよく》形に完全にあらわれたのであった。……隣のうね間にも又石のあたまがどうやら雀翼形に見えるので」とあり、発掘の拡大により環状にめぐる列石帯の存在が明らかとなったことを知ることができる。

大湯郷土研究会の活動

　一九三三年三月三日、大湯町の浅井小魚、諏訪冨多《とみた》、高木新助らを中心として大湯郷土研究会が発足し、この遺跡の調査と保存に力を注ぐこととなった。

　同年五月五日には秋田県史跡調査員武藤一郎、深沢多市が調査をおこない、二二日には喜田貞吉が視察し、講演している。その内容は、「一、我が国に例のない珍しいもので、その型式においては殆んど類似のものを知らない。詳細なる研究は、更に全面的に発掘して全貌を視察せる結果を俟たなくてはならない。

図 7 ● 遺跡発見者、浅井小魚（1875〜1947）
本名は末吉、小魚は俳号。大湯郷土研究会の創立に参加し、調査研究と保存活動の中心となった。

図 8 ● 耕地整理中に発見された土器
縄文時代後期の壺形土器で、口縁部を欠いている。

現在に於いては全く特異な形態で大湯式環状石籬というべきものであろうか。一、土地の名称を取って「中通遺跡」と仮の名を付けて置きましょう」というものであった。

この喜田貞吉の講演を受けて大湯郷土研究会は、文部省に調査員の派遣を依頼したり、環状列石周囲へ土塁を構築するなど、活動を活発化させていく。

しかし、その後、喜田の死去や日中戦争の勃発などによって発掘調査の事業は進展せず、とりあえず「先住民中通遺跡」の石標を立て（図9）、遺跡の保存に力を注ぐこととなった。この石標の裏面には「此石標の南北二個処に埋没する環状石群の発見は昭和七年極月耕地整理に其の端を得且此地一帯は諸種遺物の豊富なる包含地なるが故にこの種文化将来の解明を期して暫く発掘を停止して此の秘蔵を封じ置くもの也。昭和十二年五月」とある。むやみな発掘を避け、将来にその解明をゆだねるという遺跡保存・保護の基本姿勢が貫かれたのである。

図9 ● 先住民中通遺跡の碑
1937年、大湯郷土研究会により野中堂環状列石前に建てられた。

2　学術調査の進展

神代文化研究所による発掘

大湯環状列石の大規模な発掘は、一九四二年の神代文化研究所による発掘に端を発する。この調査は考古学的研究とは別の目的をもって実施されたもので、調査方法・記録・分析などに問題を残しながらも、ほぼ大湯環状列石の構造を解明できたこと、これ以降の調査の口火となったことから軽視できないものである。

この調査の様子は、高木新助・諏訪富多による『中通遺跡発掘日誌』から知ることができる。また、小寺小次郎、吉田富夫がそれぞれ『神代文化』第四五号、第四七号にその結果を報告している。これらの報文によると、野中堂環状列石、万座環状列石の調査に主力が注がれ、そのほぼ全姿が明らかにされている。また、環状列石の周囲にまで調査の手をのばし、万座環状列石西方に二カ所、北方に一カ所、野中堂環状列石北方に一カ所、南方および西方に三カ所の試掘坑を設定している。

これらの報文で「究状土坑《きゅうじょうどこう》」「カメ型穴」と記載されている遺構は、略図（図10）から、現在、フラスコ状土坑、袋状土坑とよばれ、貯蔵穴とされている遺構に相当すると考えられる。

秋田県、朝日新聞社による発掘

太平洋戦争の激化とともに人びとの視野から遠ざけられていたこの遺跡は、戦後間もなく、学術的対象として浮上してくる。

一九四六年八月、甲野勇、江坂輝弥が視察し、同年一〇月一五日から秋田県、朝日新聞社が共催して三週間にわたって発掘調査が実施された。この調査には甲野、江坂のほか、後藤守一《もりいち》・吉田格《いたる》らが参加し、はじめて学術的に遺跡の追究がなされた。

諸般の事情から、調査後すぐには調査報告書は刊行されなかったが、その調査結果は甲野により一九四七年二月の人類学会例会において「陸中大湯巨石遺跡」と題して発表され、甲野・後藤により数種の雑誌にも紹介された。また、甲野らに同行した『週刊朝日』の記者野津甫は「日本にも巨石文化址」と題して発掘当時の状況、調査経過などをくわしく記事にしている。

これらの論文、記事により、大湯環状列石は広く知れわたり、遺跡の重要性が再認識されることとなった。

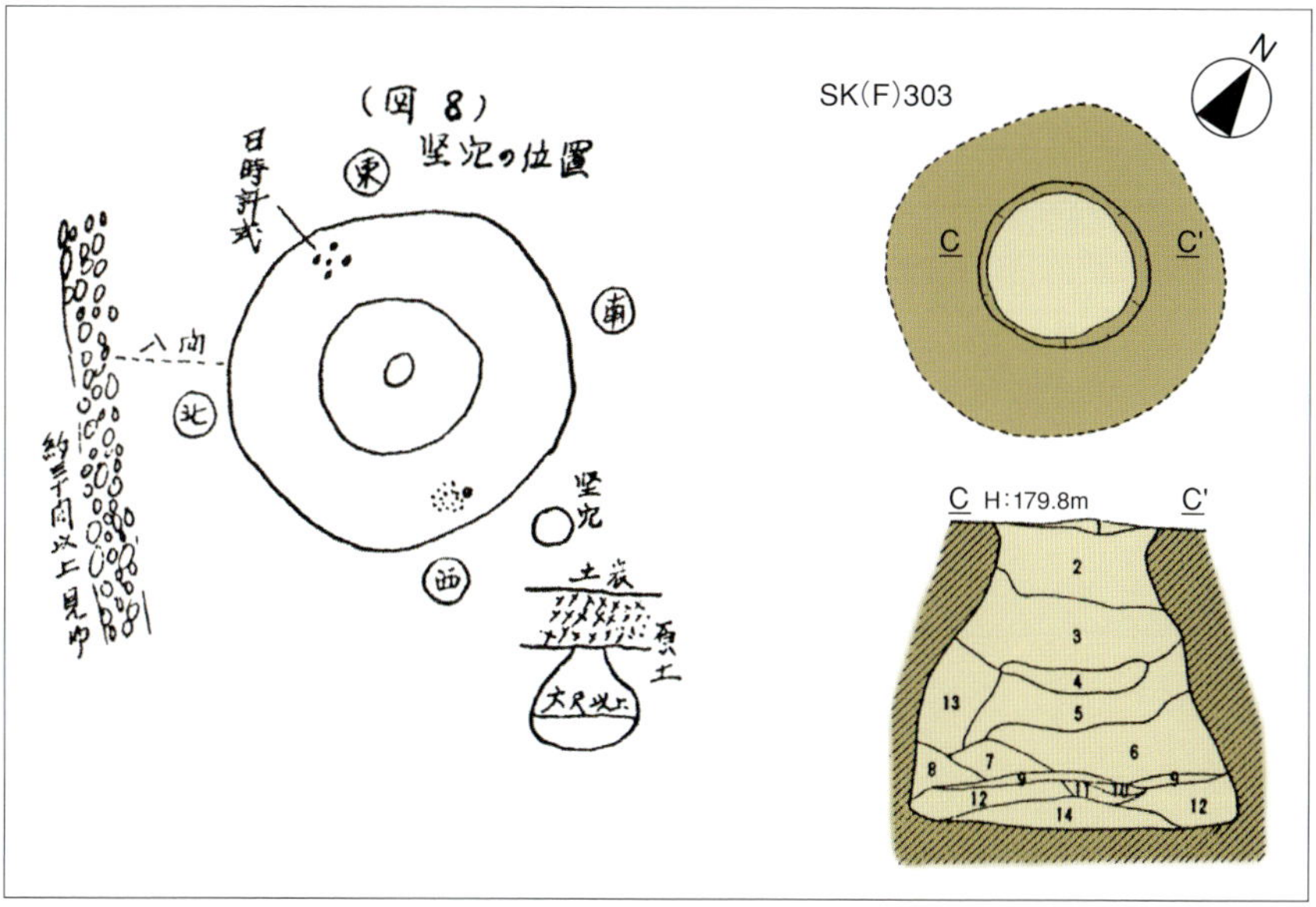

図10 ● カメ型竪穴（左図右下）**とフラスコ状土坑**（右図）
第2次中通発掘日誌に書き込まれた万座環状列石の周辺図に、竪穴（大穴）の位置とその断面が描かれている（左図）が、その形状から右図のような、現在「フラスコ状土坑」とよばれている遺構であったと思われる。

なお、一九五三年三月発行の報告書『大湯町環状列石』に、「昭和二一年度における大湯遺跡の調査」として後藤守一が当時の発掘の様子をまとめているが、そのなかに「われわれ四名の調査は、朝日新聞の援助の下になされたものであるとしても、その費用は少額であり、かつ調査者は僅か四名であり、人夫を大いに使役しての発掘とまで行くことはできなかった。また、終戦直後の虚脱時代であり、所謂主食のやみ買い盛行の時代で農夫が極度に心の驕っていた時代であり、一日の労役に二、三時間をすら期することができなかった時代であった」という記述があり、終戦直後の困難な調査であったことがうかがえる。

文化財保護委員会による発掘

一九五一年、文化財保護委員会は、第一回文化財専門委員会で、愛知県吉胡貝塚とともに大湯環状列石の国営発掘を諮問し、可決されたことから、翌五二年との二次にわたる発掘調査を実施することとなった。

発掘の目的は「環状列石の時代及び性格を明らかにすると共に近年移動された形跡の明らかなものについては、復旧的工事をなし、保存の万全を期す」ことであり、その方法は「一部堆積している土砂を整理して列石の全貌をあらわし、実測、写真撮影及び一部地域の発掘等により精密な調査を行う。又附近の竪穴遺跡を調査し、環状列石の時代決定の上の参考とする」というものであった。

調査には、文部技官斎藤忠、八幡一郎、三宅俊之、東京大学教授駒井和愛、明治大学教授後

藤守一、國學院大學教授大場磐雄、武蔵野文化協会常任理事甲野勇、東北大学名誉教授長谷部言人《ことんど》、東京大学理学部助手渡辺直経《なおつね》、同講師佐藤久、秋田大学教授藤岡一男、同教授半田市太郎ら、そうそうたるメンバーが参加した。

その調査の結果については、報告書『大湯町環状列石』からうかがい知ることができる。

遺跡の構成と機能に迫る

藤岡・佐藤は、環状列石およびこれにともなう遺物は上下二段の火山灰層にはさまれた黒土中に含まれていることを明らかにし、上位火山灰層を大湯浮石《ふせき》層と名づけ、大湯浮石の降下年代を縄文時代と奈良時代の間とした。

環状列石については、後藤が「型式を異にする組石遺構が集まって内外二帯の環状遺跡をなしている」もので、「野中堂遺跡は外帯の外周線の直径がほぼ四〇米、万座遺跡は四五米から四六米もある」と記してい

図11 ● 1951年の発掘風景
野中堂環状列石内帯の組石遺構の実測をおこなっている。

る。なお、組石下の調査は野中堂五例、万座九例の計一四例について実施されたが、その内一一例において「組石下に小判形プランの坑穴」が確認されている。

環状列石周囲については、八幡が、第一発掘溝から「大穴、炉跡」、第二発掘溝において「楕円形乃至円形の小屋と推定される柱穴」を確認したことを述べている。

また、出土遺物について、万座の第二発掘溝から採集した土器破片を中心として記述を進め、「縄文式土器の行われた時代の後期に属するものである」と説き、後期のいつのころかについては、完形土器や大形破片の豊富だった昭和二一年度調査の資料から考察するべきだとした（図13）。

環状列石の性格については、当時、墓地説と祭祀場説があった。縄文人が石に対し特別な関心を有し、そのなかに霊質を認め、山霊を仰いで祭儀をおこなったとする祭祀場説に対し、斎藤は「祭祀遺跡とするよりは、むしろ墳墓の集合的なものという推察にもやや可能性のあることが考えられる如くであるが、ただこれを決定する何

図12 ● 野中堂組石3号（内帯）
1952年にこの組石の下の調査がおこなわれ、長径1.25m、短径70cm、深さ40〜50cmの小判形の土坑が確認された。

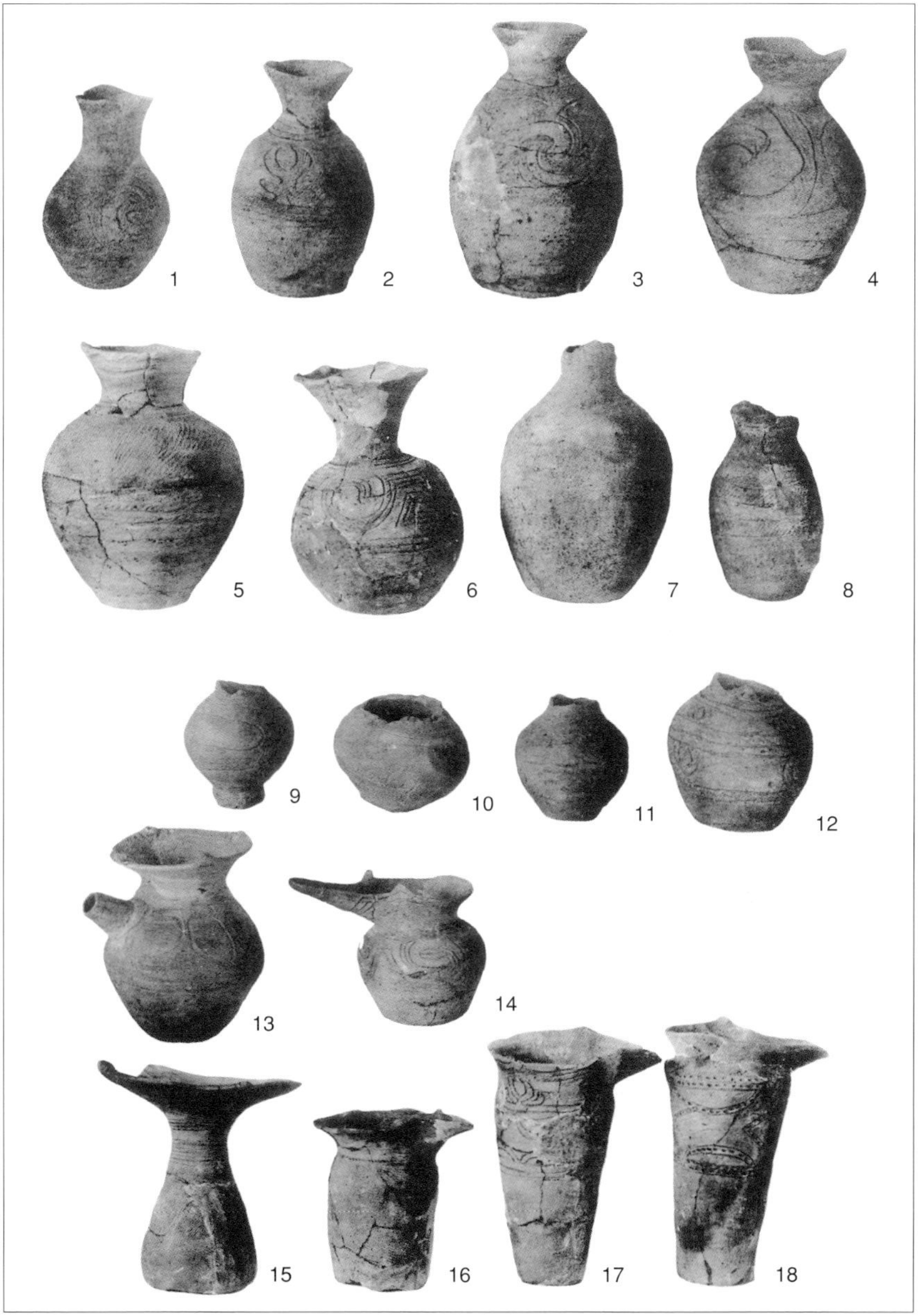

図13 ● 土器と土器片
1946年の万座環状列石周辺の調査では、多数の完形土器や復元可能な土器の出土があった。

等の積極的な証左を持たない」と、墓地説の可能性を示しながら断定できないでいる。

これは、土坑内から人骨や副葬品といった出土品が確認されず、組石下の土坑内のリン分析結果でも、七例の土坑中一例の内から比較的多量のリンが検出されたものの、残りの六例においては穴の内外にリン量の差が認められないという結果であったためである。

文化財保護委員会の発掘調査によって、環状列石やそれを構成する配石遺構の構造が具体的になり、構築時期も縄文時代後期に絞り込まれた。また、配石下に土坑をともなうことが確認され、墓地の可能性が高まった。これにより本遺跡は縄文時代の代表的な環状列石を有する遺跡という不動の評価を得ることになったのである。

国特別史跡に

数度の調査を経て、この遺跡の重要性が判明するにつれ、遺跡の保護・保存も大きな問題となった。まず、一九五〇年六月三〇日には秋田県教育委員会によって史跡に仮指定され、翌年一二月二六日には「大湯町環状列石」の名称で国指定史跡に、さらに五六年七月一九日には国特別史跡に指定された。その指定範囲は野中堂環状列石、万座環状列石およびその間であり、面積は一万六一八二平方メートルであった。

なお、五六年九月三〇日に大湯町が十和田町と合併して町名を十和田町に変更したことから、翌年七月三一日付けで名称を「大湯環状列石」に変更している。

一九五八年一二月、文化財保護委員会より旧十和田町に出土品の譲渡通知があったことから、町は野中堂環状列石近くに収蔵庫を建設し、翌年八月、譲渡遺物九〇〇点と大湯中学校や諏訪冨多ら所蔵の五八〇点の土器、石器などが展示・保管された。

また、六四年には、史跡指定直後に設置された木柵が低く、老朽化も目立つようになったため、鉄製のフェンスに取り替え、遺跡の保護に万全を期すこととなった。

3　高校生の汗

一九七〇年代になると、経済成長の進展によって急速に道路整備が進み、それにともない土地開発事業が増加した。大湯環状列石の周辺も例外ではなく、遺跡の北東約五〇〇メートルに「鹿角大規模農道」の建設が計画され、南西約三〇〇メートルの地点では砂利採取事業がおこなわれるなど、遺跡周辺の土木工事が多くなり、環状列石周辺に予想される関連遺跡の存続をおびやかすようになった。

そのため一九七三年から七六年にかけて、秋田県教育委員会および鹿角市教育委員会が分布調査をおこなった。

当時、市には発掘の専門職員がいなかったため、秋田県考古学協会員の奥山潤や十和田高校教諭の大里勝蔵ら、県北地域の高校の教諭が調査員となった。また調査補助員として、大館鳳《おおだてほう》鳴《めい》高校社会部、大館桂《かつら》高校社会部、十和田高校社会科同好会の生徒たちが参加し、活躍した（図14）。このため、おもな調査は夏休み中におこなうように調査期間が設定された。

一九七三年から七六年までに調査された範囲は三〇万平方メートルにもおよび、数多くの成果をあげた。四カ年の調査の結果をまとめると、つぎのようになる。

①野中堂遺跡の北東約三〇〇メートルの地点に大規模な環状列石（配石遺構群）が存在する。

②万座遺跡の北方、台地縁辺部に四基以上の配石遺構がある。

③万座遺跡の西方約二五メートルと、同じく北北東四〇〇メートルの地点から計四基の溝状土坑（Tピット）が確認された。

④万座遺跡の北方一五〇メートルの地点から縄文時代後期の住居跡、同じく北北東約三八〇メートルの地点から平安時代と考えられる住居跡それぞれ一軒が検出された。

⑤遺物は環状列石周辺および万座遺跡北西の台地縁辺部からの出土が多い。

⑥遺物は圧倒的に縄文時代後期のものが多いが、ほかに縄文時代早期、中期、晩期や平安時代のものもある。

図 14 ● 高校生による調査（1975 年）

第３章　大湯環状列石の解読

１　規則性のあるサークル

パターンに分けられる配石の形態

大湯環状列石を構成する配石（組石）遺構は、一九五一、五二年の調査時で、万座環状列石（図15）で外帯四三基、内帯四基、内・外帯間一基の計四八基、野中堂環状列石（図16）では外帯三三基、内帯一一基、内・外帯間一基の計四五基が確認されている。しかし、耕地整理時に破壊されたり、河川護岸工事の用石や庭石などに持ち去られた石が多数あったことを考えあわせると、本来の数はこの数をかなり上まわるものと考えられる。

これらの配石にはいろいろな形態があり（図17〜19）、後藤守一は、AからKの八型式に分類し、そのなかの五型式についてはさらに二、三の亜式に細分している。

個々の配石の形態分類、分布などについては、後藤のほかに、水野正好、阿部義平、林謙作

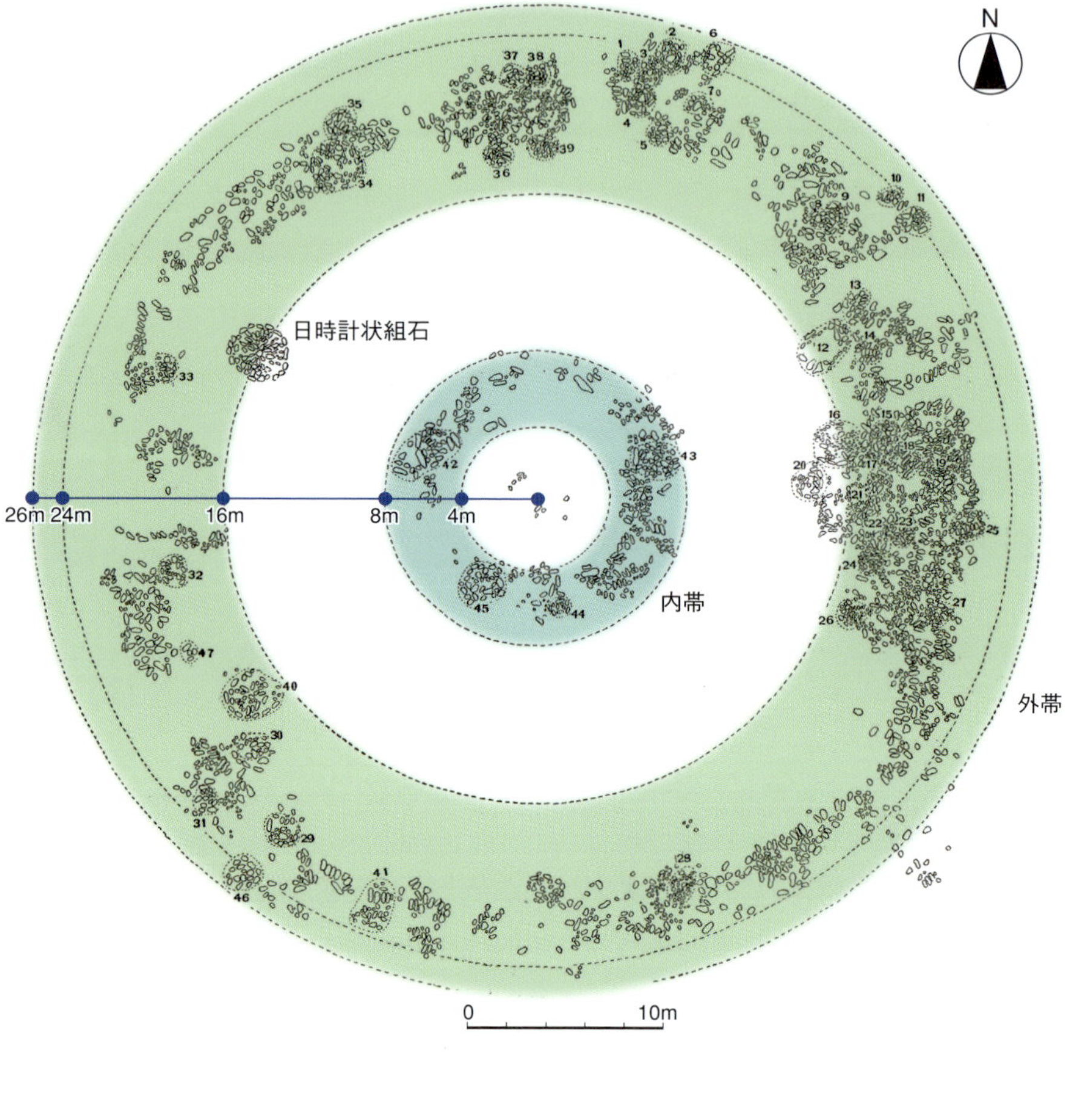

図 15 ● 万座環状列石
1951、52 年作成の実測図。外帯外径は 48 ～ 52m、内帯外径は 16m。図中の数字 1 ～ 47 は各組石につけられた番号。

POST CARD

おそれいりますが
５０円切手を
お貼り下さい

113-0033

東京都文京区本郷
2-5-12
新泉社

読者カード係 行

ふりがな		年齢	歳
お名前		性別	女・男
		職業	
ご住所	〒　都道府県　区市郡		
お電話番号	－　－		

◉アンケートにご協力ください

・ご購入書籍名

・本書を何でお知りになりましたか

□書　店　□知人からの紹介　□その他（　　　　　　　　　　　　　　　　　　　）

□広告・書評（新聞・雑誌名：　　　　　　　　　　　　　　　　　　　　　　　　）

・本書のご購入先　□書　店　□インターネット　□その他

（書店名等：　　　　　　　　　　　　　　　　　　　　　　　　　　　　　　　　）

・本書の感想をお聞かせください

＊ご協力ありがとうございました。このカードの情報は出版企画の参考資料、また小社から新刊案内のお知らせ等の目的以外には一切使用いたしません。

◉ご注文書（小社より直送する場合は送料１回 290 円がかかります）

書　名　　　　　　　　　　　　　　　　　　　　　　　　　　　冊　数

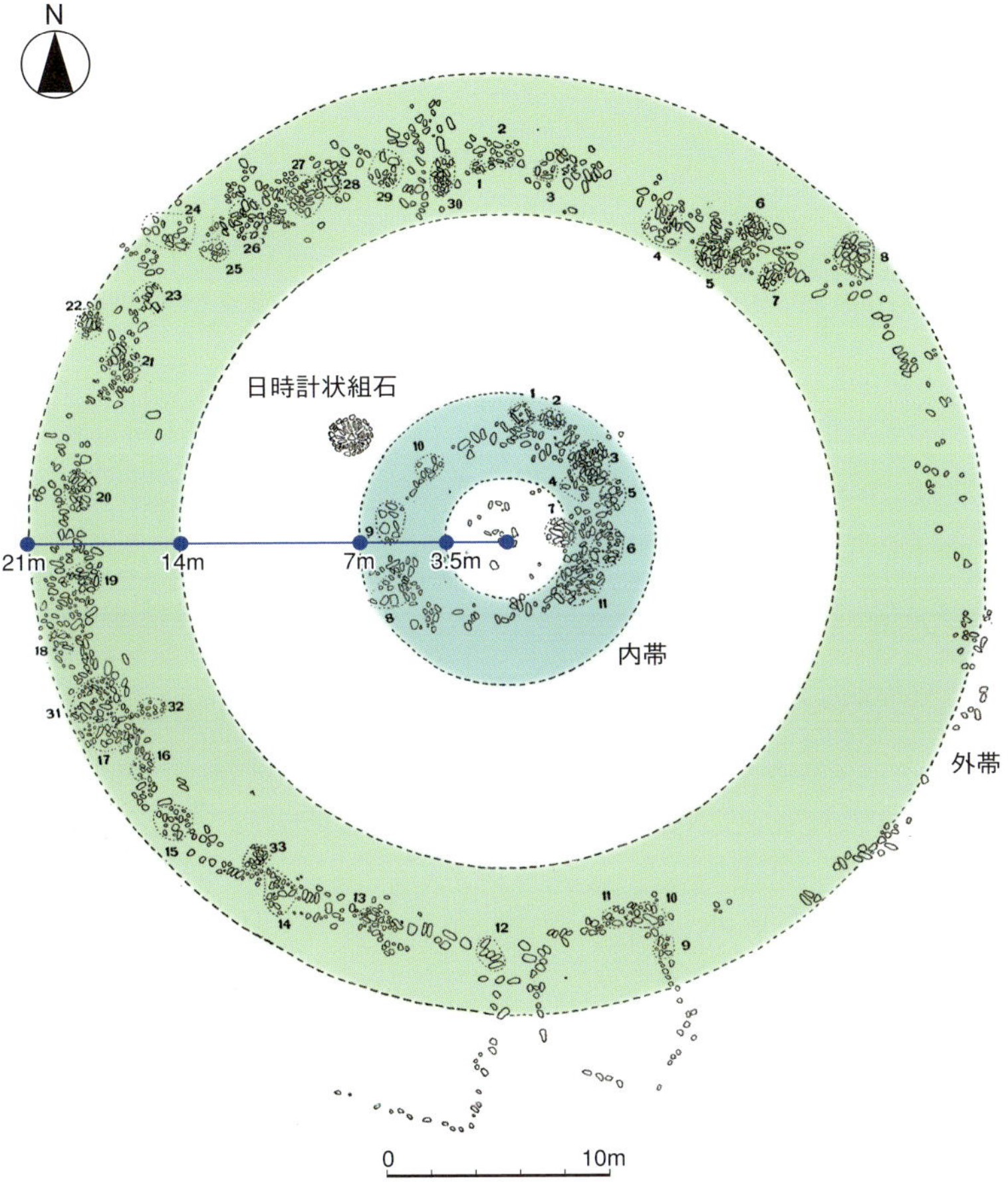

図 16 ● 野中堂環状列石
1951、52 年作成の実測図。外帯外径は 42m、内帯外径は 14m。内帯の組石には 1 ～ 11、外帯の組石には 1 ～ 33 の番号がつけられた。

図 17 ● **日時計状組石**（A_1 式）
野中堂環状列石の内・外帯間にある。中央の立石の高さは約 1 m。そのまわりに放射状に石が並び、円形にめぐる縁石の東西南北には丸石が立てられている。

図 18 ● **内帯組石 1 号**（A_5 式）
野中堂環状列石の内帯にある。中央と四隅に立石があり、四隅間は細長い石でつなげられている。

らの分析があり、配石形態が六〜八型式に大別されること、配石は内、外帯とも一様に連続して分布するのではなく、いくつかの群を形成することなどが判明している。しかし、配石だけを分析することの限界や、崩れた形態の配石のとり扱いが異なることから、その分析結果は一致していない。

遺構は計画的につくられた

水野正好は、万座環状列石を分析して、外帯九七基、内帯一二基、内・外帯間一基の計一一〇基の配石を選出し、内、外帯とも二大群に、さらに各大群を三小群に分け、それぞれの小群を二分している。すなわち、内帯は二大群六小群に、外帯は二大群、六小群、一二小塊《しょうかい》に区分している。なお、内帯の一小群を構成する配石遺構の数は二基、外帯の一小塊を構成する配石は五〜一三基としている（図20）。

水野はまた、環状集落の構造を二タイプ、環状列石を三タイプに分類し、大湯の環状列石についてはス

図19 ● **内帯組石２号**（B_2式）
野中堂環状列石の内帯にある。中央と長軸端、短軸端に立石があり、そのなかに平石が置かれている。

トーンサークルの第三タイプに位置づけ、列石を含めた集落構造については、集落第一タイプとなることを予測した（図21）。

すなわち、万座環状列石の「内帯内の空閑に近い中心部は径八メートル、倍した一六メートルが内帯（幅四メートル）外径であり、内帯外径一六メートルの三倍が外帯外径、外帯幅は内帯径の１／２、内帯内中心部径に等しい」と分析、環状列石外帯を円形広場外縁とし、その周囲に居住域圏が「幅は円形広場の１／２、二四メートルでめぐる可能性が強く、円形広場一に

大群	小群	小塊	基数
大群（東北）	第1小群	第1小塊	推定13基（確実6基）
		第2小塊	推定11基（確実7基）
	第2小群	第3小塊	推定8基（確実3基）
		第4小塊	推定9基（確実4基）
	第3小群	第5小塊	推定10基（確実6基）
		第6小塊	推定11基（確実4基）
大群（西南）	第4小群	第7小塊	推定6基（確実2基）
		第8小塊	推定5基（確実1基）
	第5小群	第9小塊	推定6基（確実2基）
		第10小塊	推定7基（確実5基）
	第6小群	第11小塊	推定5基（確実1基）
		第12小塊	推定6基（確実1基）

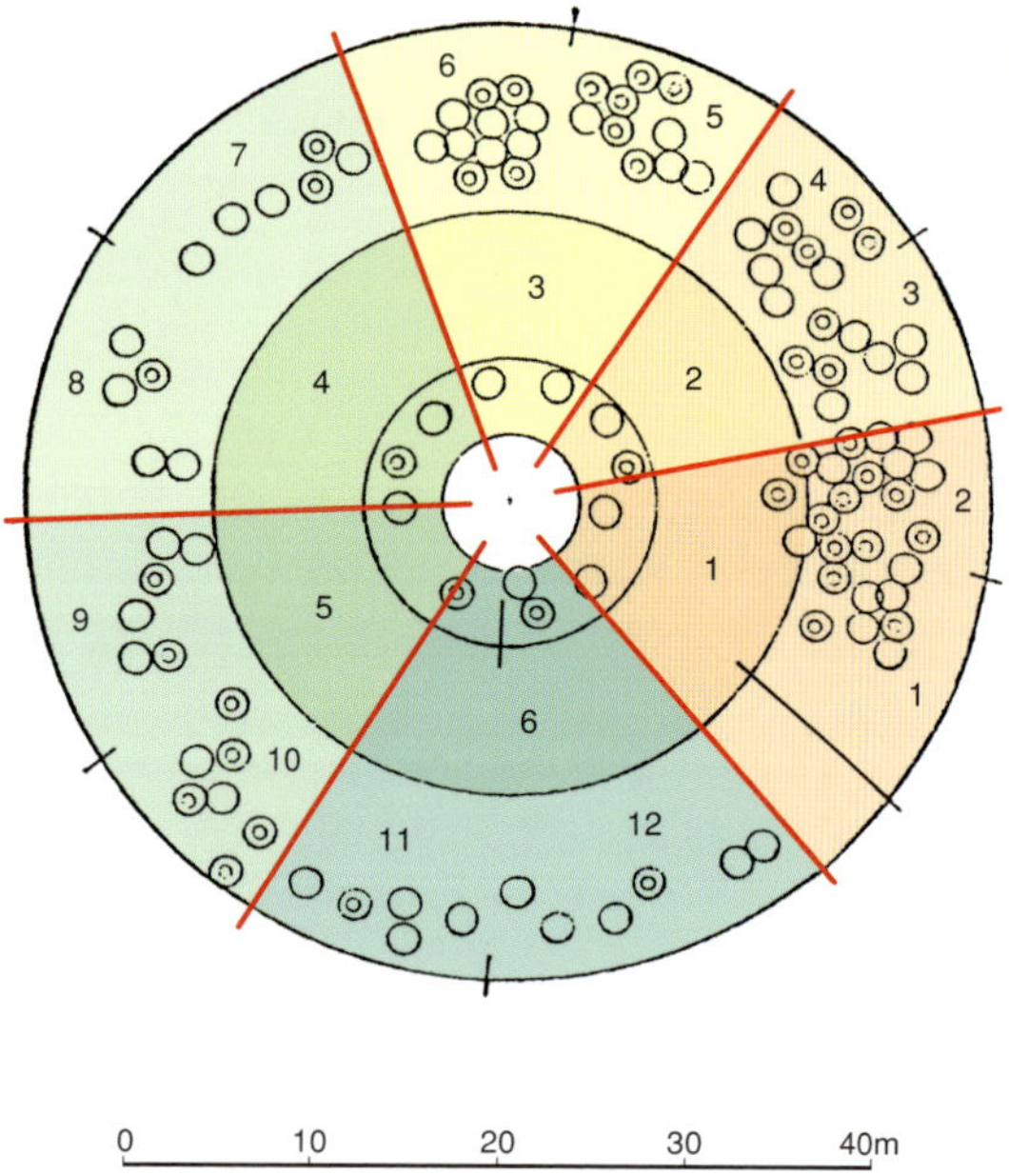

図20 ● 水野正好による万座環状列石の組石群構成図

対し居住域一、一対一の構造をとる集落であると予測される」と論じている。

野中堂環状列石については、水野は外帯外周径を四五・六メートルとして同様の規則性を論じているが、筆者は内帯および配石の遺存状態の良い北西側外帯の曲率から、四二メートル前後が妥当と考える。ただし水野の各径の規則性は、そのまま当てはまる。

水野の分析は、内帯や外帯の配石遺構が一様に分布するのではなく、内帯が六、外帯が一二の小塊（ブロック）に分かれること、内帯や外帯の径や幅が整数倍の関係にあることを示し、環状列石がきわめて規則的につくられていることを明らかにした。このことは、環状列石がある規制のもと計画的につくりつづけられたことを物語っている。

墓地説と祭祀場説

縄文人は何のために、多大なる労力を費やして、このような大規模な環状列石をつくったのであろ

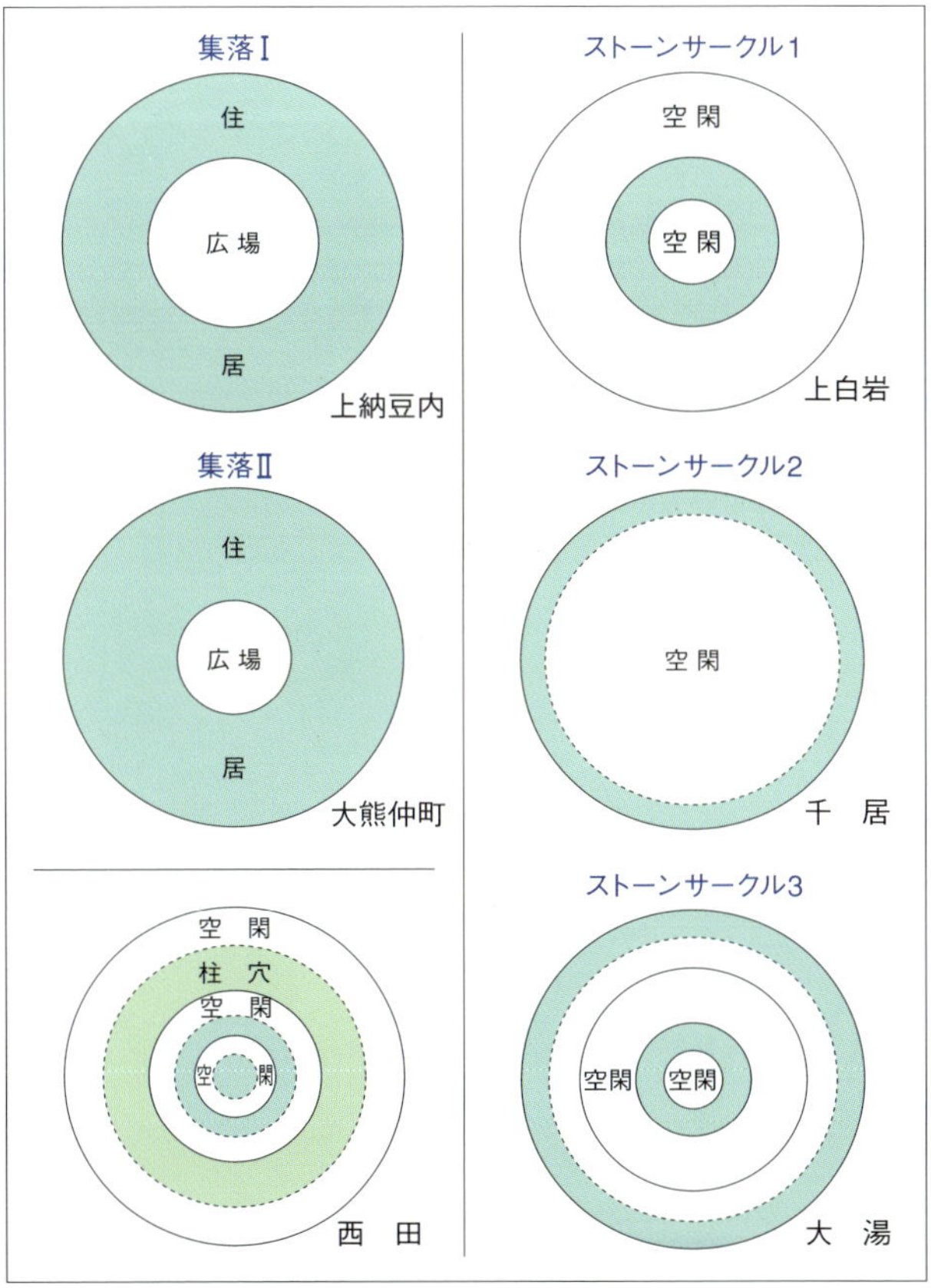

図21 ● 水野正好による集落構造のモデル図

うか。

　一九五一、五二年の調査では、この問題を解明するために、野中堂五基、万座九基の計一四基の配石（組石）の下を調査し、そのうち一一基の配石の下から屈葬で遺骸を葬ることができる程度の土坑を確認した（図22）。

　しかし、土坑内から人骨や副葬品などは出土せず、リン分析の結果も墓地説を裏付けるものではなかった。このようなことから、その報告書で斎藤忠は、先にふれたように、墳墓の集合体的なものと推測されるが、積極的な証左はないと、墓地の可能性を示しながら、断定するまでには至らなかった。しかし一九七〇年、大湯温泉を会場に開催された配石遺構のシンポジウムにおいては、斎藤忠は「環状列石とは、個々の組石墓を集合させてこれを環状に構成させた縄文時代の墓地」であると墓地説を展開している。

図22 ● 万座環状列石の組石20号（上）とその下部土坑（下）

これに対し江坂輝弥は、大場磐雄の論である石信仰および山岳信仰による祭祀場説をふまえて、「配石遺構すべてを墓地遺構とするのは無理であり、初め祭祀の場所としてつくられ、自分たち家族の遺体もこの祭祀の場所に葬り、再生を願うというようなことで、後に墓地的性格も加わってきたとみることもできそうである」と、「縄文人の精神的な面の理解」の必要を強調している。

このように大湯環状列石の性格については、墓地説は定着せず、以後墓地説と祭祀場説が両立することとなった。また、「日時計状組石」の形状から日時計とする説やヨーロッパのストーンサークルとの類似から天体観測所説や太陽崇拝にかかわる祭祀場説も残ることとなった。

2　弧状の配石墓群

周辺にある配石遺構群

一九八四～八六年には、野中堂環状列石の北東三〇〇メートルで発見された一本木《いっぽんぎ》後ロ《うしろ》配石遺構群の調査がおこなわれた（図23）。それは、史跡のメインである野中堂環状列石や万座環状列石はできるだけ発掘しないで、形態の似ている一本木後ロ配石遺構群の調査結果から、環状列石の性格を追究しようという試みでもあった。

一本木後ロ配石遺構は、幅二〇メートルの弧状帯上に位置し、この帯は弧状列石により、内・外帯に二分割される。内帯側の配石遺構は四～六基を一単位とする小塊（A～F小塊）に

図 23 ● 一本木後ロ配石遺構群

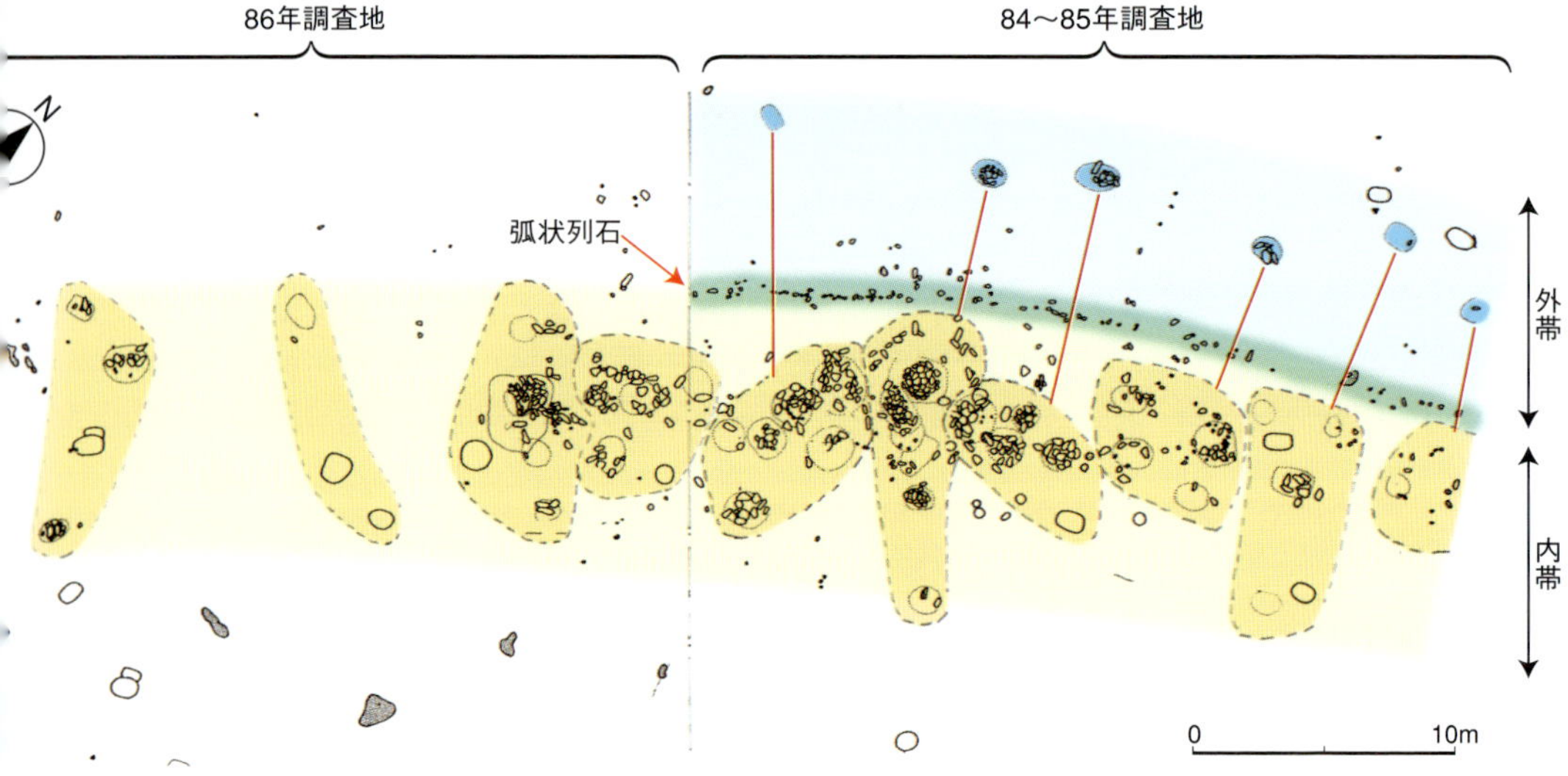

図 24 ● 一本木後ロ配石遺構群の小塊
84～85 年調査地では、配石遺構が弧状列石により外帯と内帯に分けられる。さらに内帯側の配石は 4 ～ 6 基にブロック分けでき、それぞれがもっとも近い外帯の配石 1 基と対応する。しかし、86 年調査地には、弧状列石も外帯配石もみられない。

細分され、それぞれがもっとも近い距離の外帯に位置する配石遺構一基に対応するという規則的な配置をしていた（図24）。

しかし、八六年の調査部分では、弧状列石や外帯の配石遺構は検出されず、配石遺構、土坑は、いずれも幅一〇メートルの内帯の延長帯上に位置していた。これらの遺構は、やはり小塊（ZA〜ZD小塊）に細分されるが、その一単位の構成数が三〜五基と少なく、各小塊の距離も広くなるという違いがみられた。

これらの配石遺構群はさらに南西および東方向へのびる様相をみせているが、野中堂、万座環状列石のように円形に一巡することはない。それは発掘部分の配石遺構群の曲率から、円と仮定してその直径を出すと三〇〇メートルにもなり、その南東部が台地からはみ出すからである。曲率を変えて、南西—北東方向に長い楕円形状に一巡するか、一巡せずに弧状で終わるのかのどちらかであるが、後者の可能性が高い。

配石遺構は配石墓の集合体

これらの配石遺構が何のためにつくられたのかをさぐるため、上の石組みをとり除き、その下を調査した。その結果、四三基すべての配石の下から屈葬で埋葬できる大きさの土坑が確認され、その堆積土は人工的に埋め戻されたものであることがわかった。

第一二、一六号配石の下からは、遺骨を入れたと考えられる甕棺《かめかん》が出土した。第一二号配石の甕棺は壺形で胴部径は三九・八センチ、正立の状態で埋設され、その上には蓋石《ふたいし》と考えられる二個の平石《ひらいし》が置かれていた（図25、26）。一方、第一六号の甕棺は深鉢形で、器高は四七・五センチ、土坑底面に横倒しで埋設されていた（図26）。

また、第一七号配石の土坑底面から一二点、第三〇号配石の土坑底面直上から一点の石鏃《せきぞく》がみつかっている（図26）。

さらに第三号配石の土坑底面からは、朱塗りの棒状木製品が確認されている（図26）。木の部分が腐蝕していて、本来の形状は不明であるが、幅五〜七ミリ、厚さ二〜四ミリの棒状である。

石鏃も棒状木製品も副葬品と考えられる。第一八、三〇、四四号配石遺構からは深鉢、壺、浅鉢が確認されているが、これらの土器は供献品であろう。

このように配石下に土坑をともなうこと、その堆積土が人為堆積であること、甕棺、副葬品、供献品が確認されたことから、これらの配石遺構は配石墓とみて誤りないであろう。

なお、配石遺構群の構築時期については、甕棺土器や配石遺構内の出土土器から、縄文時代後期前葉と考えられる。

こうして一本木後口配石遺構群の発掘調査によって、これらの配石遺構は土坑に遺骸を納め埋めたのち、その上に石を構築した遺構

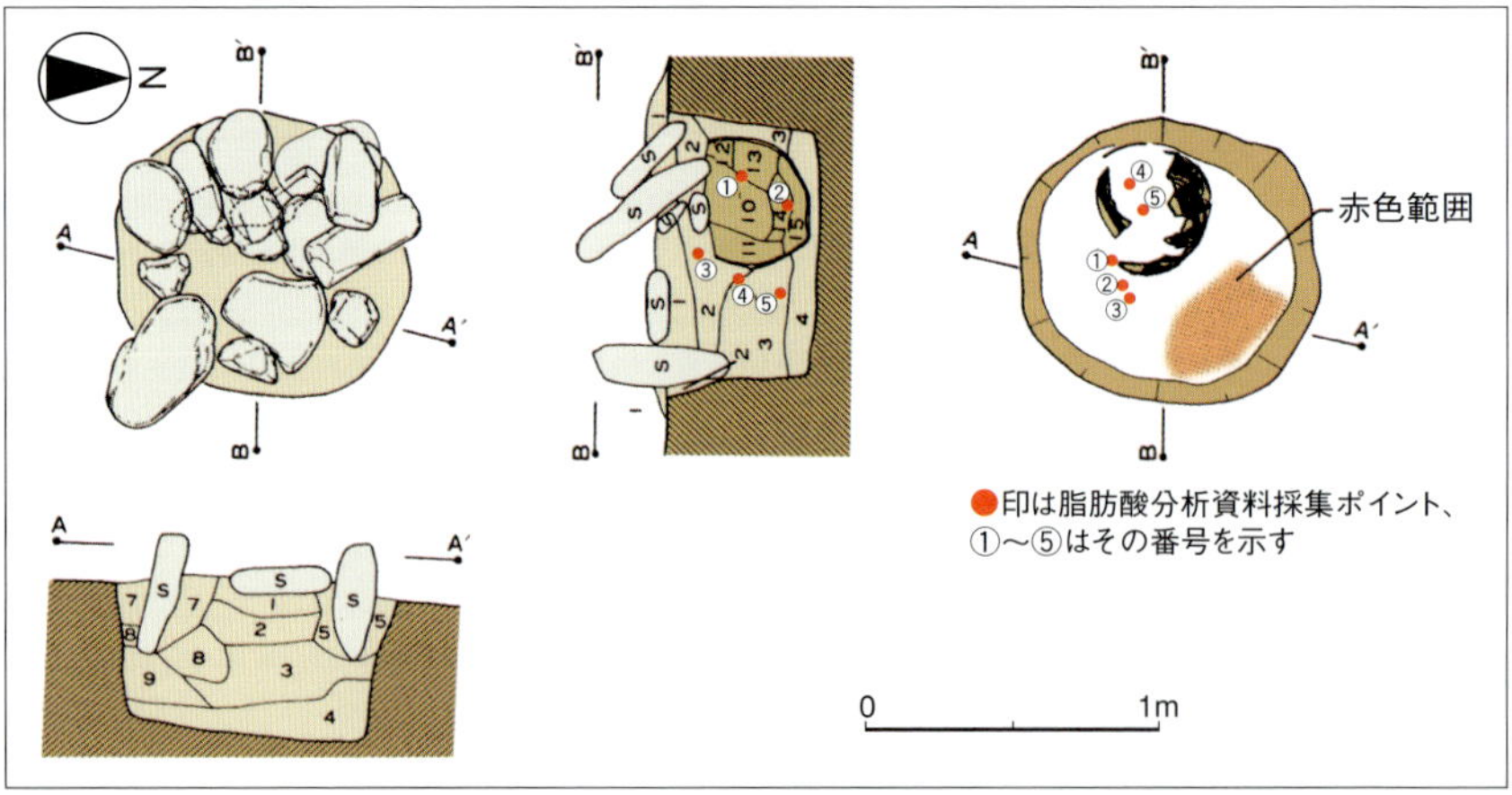

図25 ● 一本木後口配石遺構群の第12号配石遺構

第 12 号配石の甕棺（胴部径 39.8cm）

第 16 号配石の甕棺（器高 47.5cm）

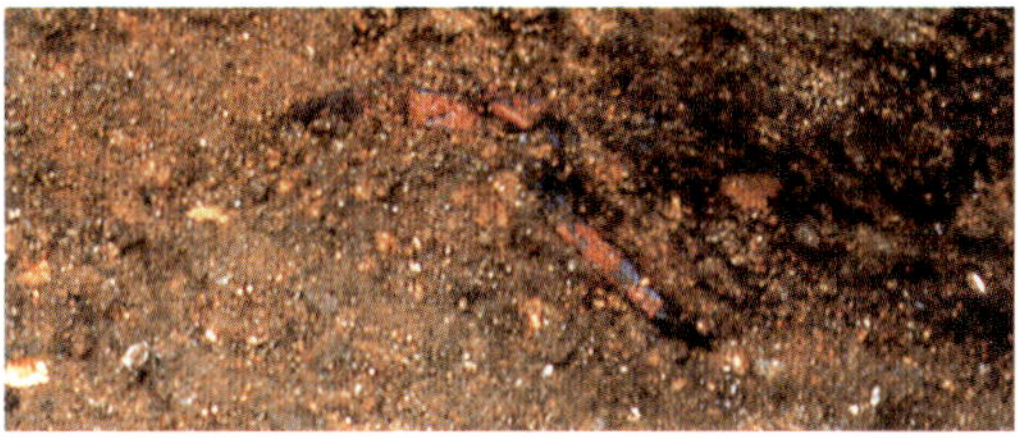

第 3 号配石の土坑底面からみつかった
朱塗りの棒状木製品（幅 5 ～ 7 mm、厚さ 2 ～ 4mm）

配石の土坑底面からみつかった石鏃

図 26 ● 一本木後ロ配石遺構群の配石の下から出土した遺物

であることが明らかになり、縄文時代後期の配石墓の集合体であることが確実になった。したがって、構造の類似する野中堂や万座の環状列石もまた配石墓の集合体であり、きわめて整然と配列された事例であるとみなすことができよう。

3　緑色の石を求めて

配石の原産地をさぐる

一九五一、五二年の調査に参加した地質学者の藤岡一男、佐藤久は、報告書『大湯町環状列石』で、列石を構成するほとんどの石が輝石ひん岩であり、遺跡下を流れる大湯川から運ばれたと述べている。

一九八四年、秋田大学名誉教授の加納博は、一本木後口配石遺構群を構成する石の石質や大湯環状列石の石との差違およびその原産地をさぐる調査をおこなった。

加納は、大湯環状列石を構成する石の岩質およびその特徴について、「肉眼では、白色矩形の斜長石《しゃちょうせき》と濃緑色の輝石《きせき》の斑晶が多く、ときに角閃石《かくせんせき》もある。また、やや丸みがあって透明な石英の微斑晶が認められることがしばしばある。石基は淡い灰緑色細粒状で、顕微鏡下では等粒状の石英・斜長石・磁鉄鉱及び緑泥石《りょくでいせき》の集合からなり、それらの隙間を充填して少量のカリ長石が晶出している」とし、「このような組成・組織から、岩石学名としては輝石ひん岩というよりも石英閃緑《せきえいせんりょく》ひん岩のほうが妥当である」と述べている。

また、その原産地については、つぎのように述べている（図27）。

「まず遺跡にもっとも近い大湯川の河床のA地点に下りてみた。そこには組石と同じ長柱状で、暗色包有岩で特徴づけられるひん岩礫が転在しているが、しかし、この辺りではまだ他の種類の石が沢山混ざっており、形のよい石はむしろ稀である。……次ぎにB地点に行ってみる。そこは大湯川本流と第一支流の安久谷《あくや》川との合流点であるが、問題の礫は本流側にはなく、安久谷川側に限って見られる。……そこで安久谷川をC地点あたりまで遡上ると、その辺の河床には、列石の素材として恰好な一～二メートル大のひん岩礫が、ごろごろと重なり合って堆積している。この辺までの距離は遺跡から六～七キロメートルである。人ひとりで運ぶには少し遠いかもしれないが、古代人の採石現場はこの辺か、あるいはもう少し下ってもB地点までの間であったと思われる。しかし、われわれはさらに遡り、D地点でひん岩礫の源岩体の露頭に到達した。この岩体を「諸助《もろすけ》山岩体」と呼ぶ。……このような節理にそって崖から崩れ落ちた細長い角柱状または厚板状の岩片が、水触で角を丸く削磨されながら、下流に運ばれ川原石（礫）として堆積したのである。その中で特に美しいものが選ば

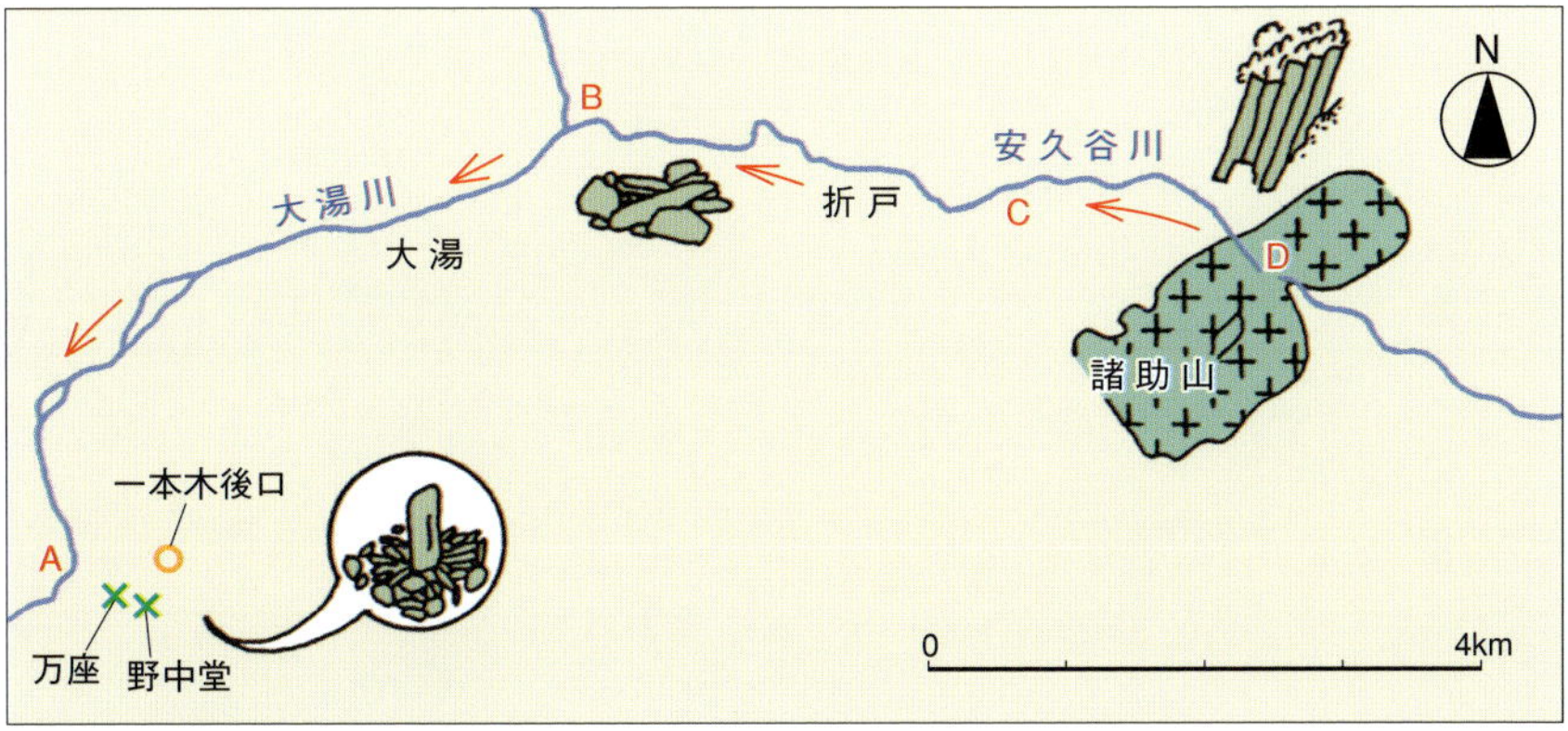

図27 ● 石の産地
A地点：遺跡直下の大湯川、B地点：大湯川と安久谷川の合流点、
B～C地点：石の採集地、D地点：諸助山岩体。

図 28 ● 諸助山の露頭
柱状に岩が崩れ落ちる様子が観察できる。下の林道への落下を防ぐためネットがはられている（D地点）。

図 29 ● 安久谷川
水磨されて角が丸くなった細長い石がたくさんある（B～C地点）。

れ集められて、野中堂や万座遺跡の列石に造られた」

諸助山の露頭（図28）から、その下を流れる川に崩れ落ち、水磨された多数の石英閃緑ひん岩。大湯の縄文人は、遺跡直下の大湯川の石には目もくれず、環状列石に適した美しい石を求めて、遠くその一支流である安久谷川にまで足をのばしたのであった（図29）。

緑色の石にこだわった理由

野中堂環状列石も万座環状列石も短期間に一気につくられたのではなく、その完成には数百年を要したと考えられている。配石遺構が長期間にわたってつくりつづけられ、大きな環状列石になったという考えである。

それにしても一つの配石遺構でも八〜一

図30 ● 万座環状列石の石群
万座環状列石の外帯には、配石（組石）遺構が密集してつくられた。

〇〇個の石を必要とする。また、ほとんどの石は一～二人で持つことのできる程度の石だが、なかには一〇〇キログラムを超える石もある（表1）。四～七キロメートルもの距離を運ぶのは容易なことではなく、石運びはむらびと総出の作業であったにちがいない。

これらの石は配石遺構を構築する際に必要に応じて運ばれたのであろうか。それとも石の採集に適した時期に川の近くに集めておき、ソリを使える積雪期にそこから運び、遺跡のどこかに貯えて置いたのであろうか。

残念ながら、これまでの調査ではこの問題を解決する遺構、遺物は確認されていない。

それにしても、大湯環状列石の石はどうして安久谷川の石でなければならなかったのであろうか。同石質の石のみを用い、同色・同質感といった美を追求したのであろうか。

環状列石を構成する配石遺構にはたくさんの柱状の立石や板状の平石が使用されている。立石や平石の必要性から柱状に割れる岩質の石英閃緑ひん岩が選ばれたのであろうか。それとも、翡翠《ひすい》と同じように、あの美しい緑色の石そのものに縄文人は何かを感じとったのであろうか。緑色は新芽の色。豊かな自然を願う気持ちがあったのかもしれない。

野中堂環状列石「日時計状組石」の立石	88.5kg
万座環状列石「日時計状組石」の立石	20.2kg
万座環状列石最大の石	180.6kg
万座環状列石の平均的石	32.3kg

表1 ● 石の重量
比重、体積からの計算値。

4　掘立柱建物跡は儀礼施設か

掘立柱建物跡の発見

一九八七年、環状列石の外側にどのような遺構があるのかを解明するために、万座環状列石の北西部から台地縁辺部までのびる細長い調査区を設定した。

一九五二年の調査では、万座環状列石の北四メートルに設定された第二発掘溝から「炉跡及び住居址」が確認され、水野正好は先にふれたように、万座環状列石の居住域圏は、隣接する野中堂例との距離を勘案すれば幅は円形広場の1／2、二四メートルでめぐる可能性が強く、円形広場一に対し居住域一の構造をとる集落であると予想していた。環状列石の近傍に竪穴住居跡があると想定されたからであった。

さて、調査区の大湯浮石層をとり除き、黒土を少しずつ掘り下げていくと、縄文土器が出土しはじめ、配石遺構や焼土遺構が姿をあらわし、黒土層のなかに縄文時代後期の生活面を見出すことができた。

そこでさっそく遺構の確認をおこなった。黒土層のなかで黒土と黄褐色火山灰の混入する土の掘り込みの痕跡をさがす作業である。ところが時間をかけて慎重に作業をおこなってみても、竪穴住居跡のような径三〜五メートル程度の掘り込みは確認できなかった。

あらためて見直すと、ところどころに径一メートル前後の円形の掘り込みの跡がある。おそらくフラスコ状土坑であろうと考えて、とりあえずそのうちの一基を掘ってみた。すると、予想に反して、フラスコ状ではなく、筒形となっている。深さは一メートル前後。もちろん水などわき出る深さではなく、井戸跡ではない。この周囲を見渡すと、このような円形の穴の痕跡が大小たくさんみられ、しかも四角あるいは六角形に並んでいるようにみえるではないか（図31）。

この時、岩手県西田遺跡の掘立柱建物跡のことを思い出した。西田遺跡は紫波《しわ》町《ちょう》に所在する縄文時代早期と中期の複合遺跡で、北部の集落は中期中葉の大規模な環状集落である。中央部に墓坑群が環状に並び、その外側に長方形柱穴列、さらにその外側に住居跡群、貯蔵穴群がドーナツ状にめぐるのである（図32）。

大湯遺跡と西田遺跡をくらべると、形態、規模、構築時期などに若干のちがいはあるが、万座環状列石でも環状の墓域の外側に長方形柱穴列がめぐるのではないかと考えた。

そうした目で半截した穴の断面を観察すると、

図 31 ● 四角・六角にならんだ円形の穴
万座環状列石の北西側隣接地でみつかった掘立柱建物群。
黄色テープが柱の配置を示す。

明らかにその穴に柱を埋め込んだ柱痕が観察された。さらに調査を進めてこれらの穴の配列をみると、四本柱あるいは六本柱の建物の柱穴群であることが明らかとなった。掘立柱建物跡の発見である。

環状列石と規則正しく対応する掘立柱建物

こうして万座環状列石の周囲から一七棟の建物跡を検出し、位置関係からそれらは列石と密接な関連があると考えられた。翌年には調査区をその西側に設定して調査をおこない、両年の調査で、万座環状列石の北西側隣接地から環状列石と同時期と考えられる建物跡を二五棟発掘した（図33）。

これらの建物跡は、柱穴の数や柱配列の特徴から八類に分類される（図34）。なかでもⅠ、Ⅱ類が多く、全建物の八割を占める。

Ⅰ類　各辺とも二個ずつ、計四個の柱穴で、平面が方

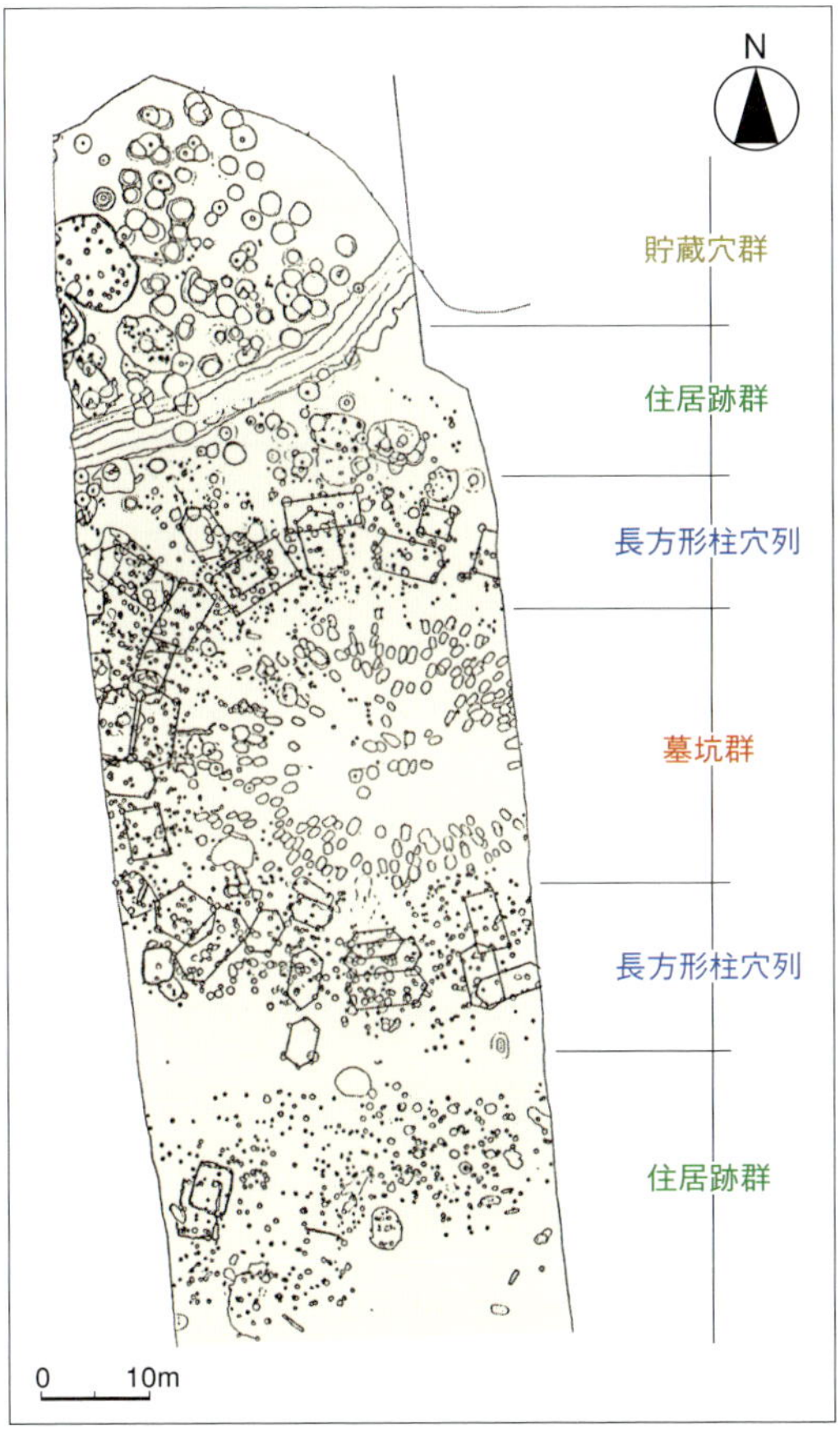

図32 ● 岩手県・西田遺跡北部の遺構配置図
墓坑群のまわりに、長方形柱穴列、竪穴住居跡群、貯蔵穴群がドーナツ状にめぐる。

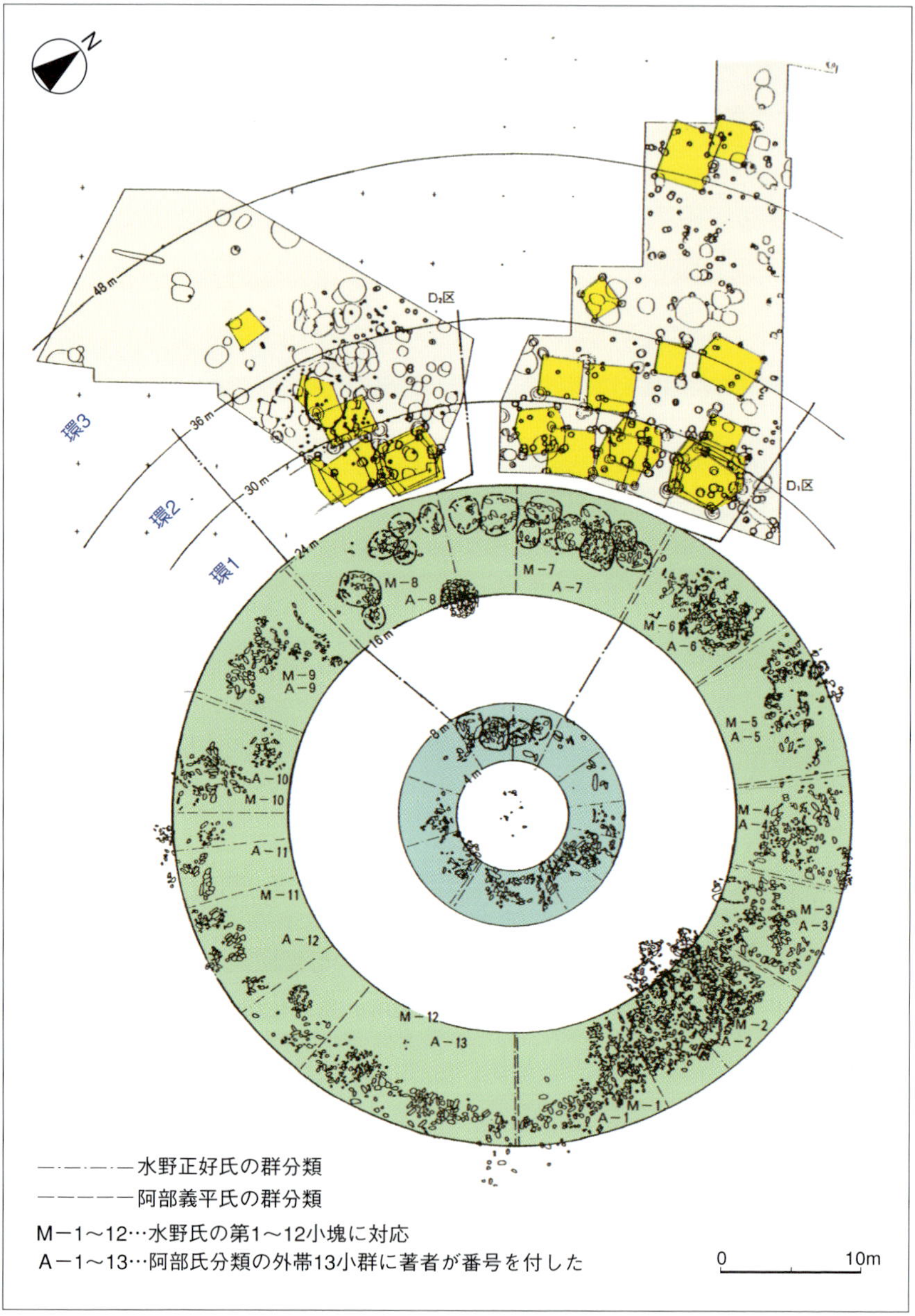

図33 ● 万座環状列石と近傍の建物跡
周囲に六角形の建物、四角形の建物、貯蔵穴が環状にめぐっている。

形となるもの

Ⅱ類　六個の柱穴で、平面が六角形となるもの

Ⅰ類建物の長辺は二・二〜三・四メートル、柱穴の大きさは直径一九〜一二〇センチ、深さ四〇〜一三六センチで、直径二二〜四二センチの柱痕が確認されている。Ⅱ類建物は長辺三・二〜四・四メートル、張り出し部は軸長三・四〜五・三メートルの規模で、柱穴は直径三〇〜一二八センチ、深さ四二〜一七二センチ、柱痕径は二五〜四八センチである。

さて、二五棟の建物跡のうち二二棟は、列石と中心を同じくする半径二四メートルから四八メートルの環内に位置する。さらにこの環は半径三〇メートルと三六メートルの円によって、環1（幅六メートル）、環2（幅六メートル）、環3（幅一二メートル）に三分割され、環1にはⅡ類の六本柱建物、環2にはⅠ類の四本柱建物が分布する傾向がある（図33参照）。

また、環状列石の内帯、外帯の組石がいくつもの群をなすように、環1、環2の建物群も群別化され、環1の一建物群は外帯の一小塊に、環2の一建物群は内帯の一小群に対応すると考えられる。さらに、対応関係にある群内の建物数と配石（組石）遺構数が同数となる可能性

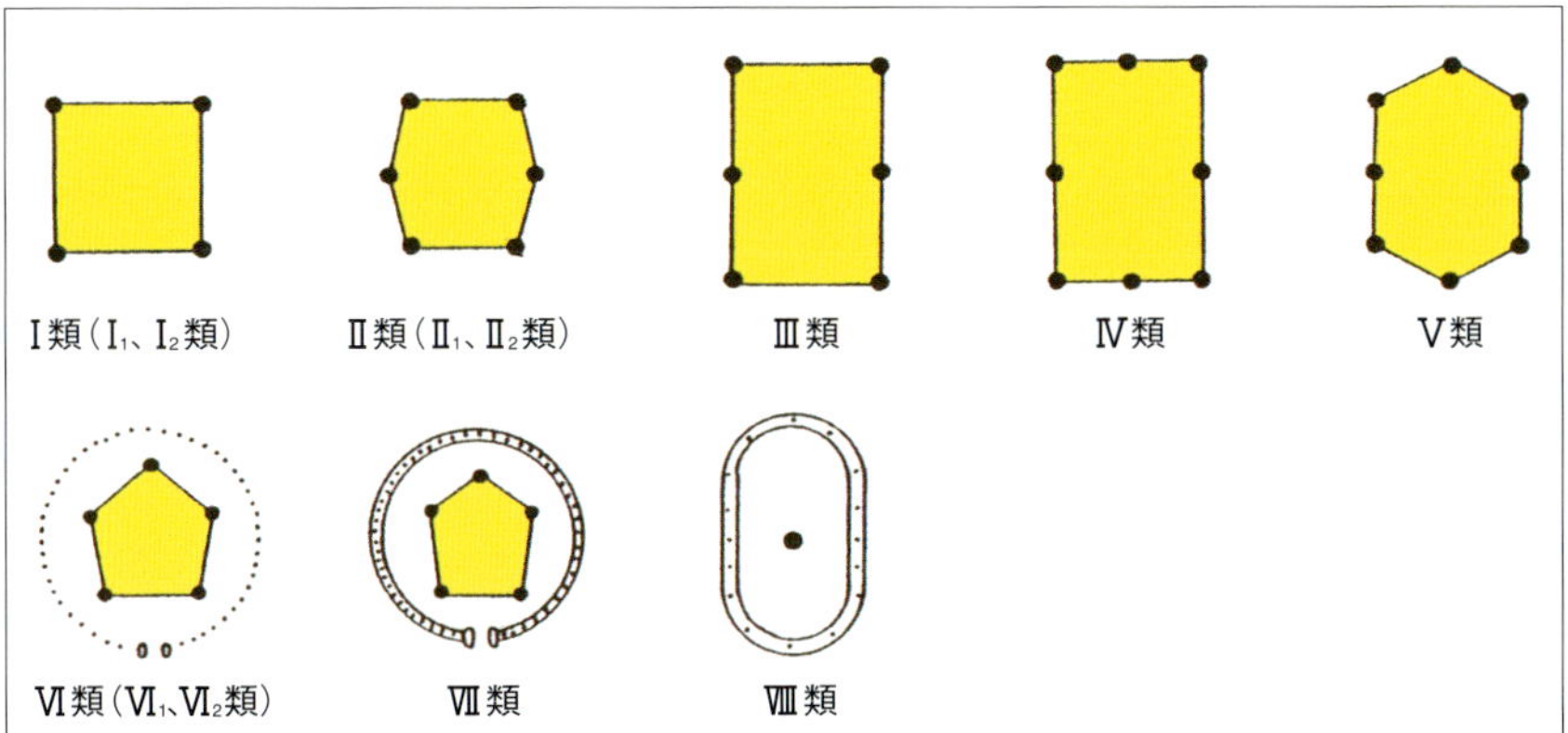

図34 ● 建物跡の柱配置の模式図

が高く、建物と配石遺構とが一対一の対応関係にあると推察した。

掘立柱建物跡からの出土遺物

その後、万座環状列石の周囲は全周が調査され、その結果、建物群やフラスコ状土坑群が周囲を一巡することがわかった。環1に六本柱が、環2に四本柱がめぐり、建物群も群別化できるという推測が正しいことが明らかになった。

これらの建物群の出土遺物を紹介しよう（図35）。

土器については、完形や復元可能なものは少なく、ほとんどが破片である。縄文後期前葉の十腰内《とこしない》Ⅰ式の特徴をもった土器片や後期中葉の十腰内Ⅱ・Ⅲ式の土器片が出土しているが、前者が圧倒的に多い。後者は列石の東側に位置する建物群に偏在しているようにみられる。1～4（図35の番号、以下同）は第二一八号建物跡ピットから出土したもので、1、2は小型深鉢形土器の底部で、1の底面には網代痕《あじろこん》がある。3は深鉢形土器の底部、4は平口鉢形土器で、口縁部から胴部下半まで縄文が施されている。

土器片以外では石鏃、石匙《いしさじ》（6）、敲石《たたきいし》、凹石《くぼみいし》、磨石《すりいし》、石皿《いしざら》、砥石《といし》、石錘《せきすい》、磨製石斧《ませいせきふ》（7）などが出土しているが、数は少ない。

そのようななかで目につくのが、土器片利用土製品である（8～10）。これは土器の破片を打ち欠いて、円形、方形、三角形などに成形したもので、縁を擦っているものもある。

土器片利用土製品以外の土製品としては、第二号建物跡の柱穴から環状土製品（11）が出土

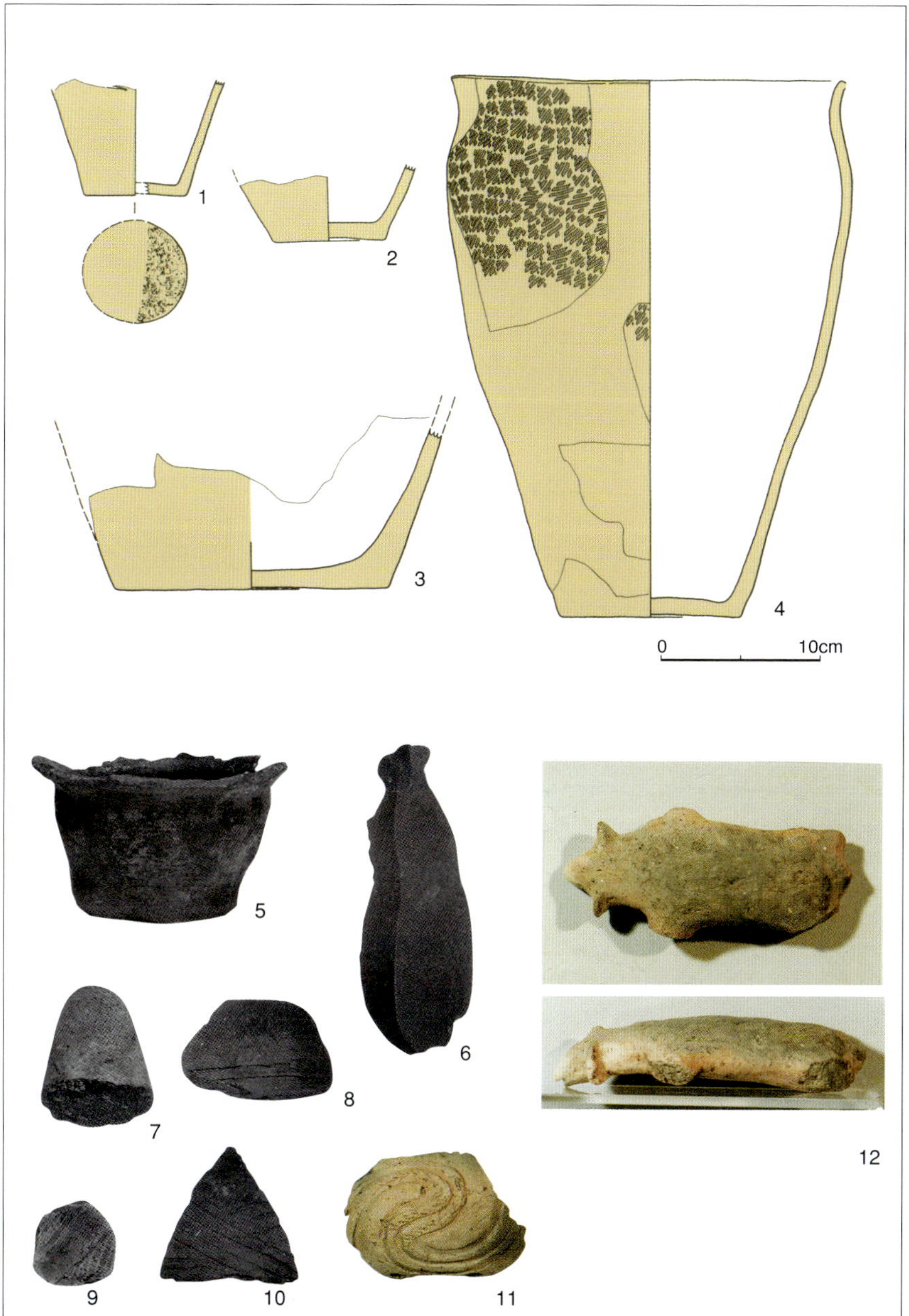

図 35 ● 掘立柱建物跡から出土した遺物

している。幅五センチ、直径八センチほどの大きさで、三分の二を欠いている。磨消縄文により曲線文が描かれている。

また、第一一A号建物跡の壁柱穴から、クマと考えられる動物形土製品（12）が出土している。扁平なつくりで、四脚と尾を欠いている。現在長一〇・四センチ。

このように掘立柱建物跡やその周辺からは、日常生活用の土器や石器の出土が少なく、祭祀用品と考えられる遺物が出土している。また、これらの建物跡には炉跡がなく、火を焚いた痕跡もみられない。建物の規模に対して、柱穴や柱が大規模すぎることも不自然である。

このようなことから、これらの建物は一般の住居ではなく、祭祀にかかわる施設と考えることができる。

5　環状列石をつくった人びとの集落はどこに

みつからない集落跡

この環状列石をつくった人びとはどこに暮らしていたのだろうか。一九八九年、竪穴住居跡の確認を主目的として、もっとも可能性の高いと思われた万座環状列石の北北西一五〇メートルの台地縁辺部を調査した（61ページ、図42参照）。この調査区の西側の斜面中段には湧水があり、東五〇メートルの地点では、一九七五年の分布調査において、縄文時代後期の住居跡が確認されていた。

予想どおり、石囲炉《いしがこいろ》、建物跡、配石遺構などのほかに、竪穴住居跡四軒が検出された。この竪穴住居跡は、調査区の南西側沢縁辺部に位置し、さらに北西および南方向にのびるものと考えられた。

これらの竪穴住居跡（図36）は、直径二・七〜三・一メートルと小さな円形で、壁高《へきこう》が八〜二三センチと掘り込みが浅い。黒褐色土層（Ⅲd層上面）から掘り込み、深いものでも地山（Ⅴ層）を若干掘り込む程度で、暗褐色土層（Ⅳ層）に達しない住居跡もあった。住居のほぼ中央に石囲炉があり、第四〇三、四〇五、四〇八号住居跡の東〜南壁際には石で構築された施設をもつなど、共通点が多い。柱配置は四本柱が多いが、壁の外側に柱穴が一巡するものもある。

なお、大湯環状列石周辺では、一九五二年の文化財保護委員会による調査、七五年の鹿角市教育委員会による分布調査により、それぞれ一軒の住居跡が検出されたと報告されていたが、五二年の「住居址」は九四年の再調査によって掘立柱建物跡であることが判明している。また七五年の調査では壁が検出されておらず、竪穴住居跡と確認されたのはこの八九

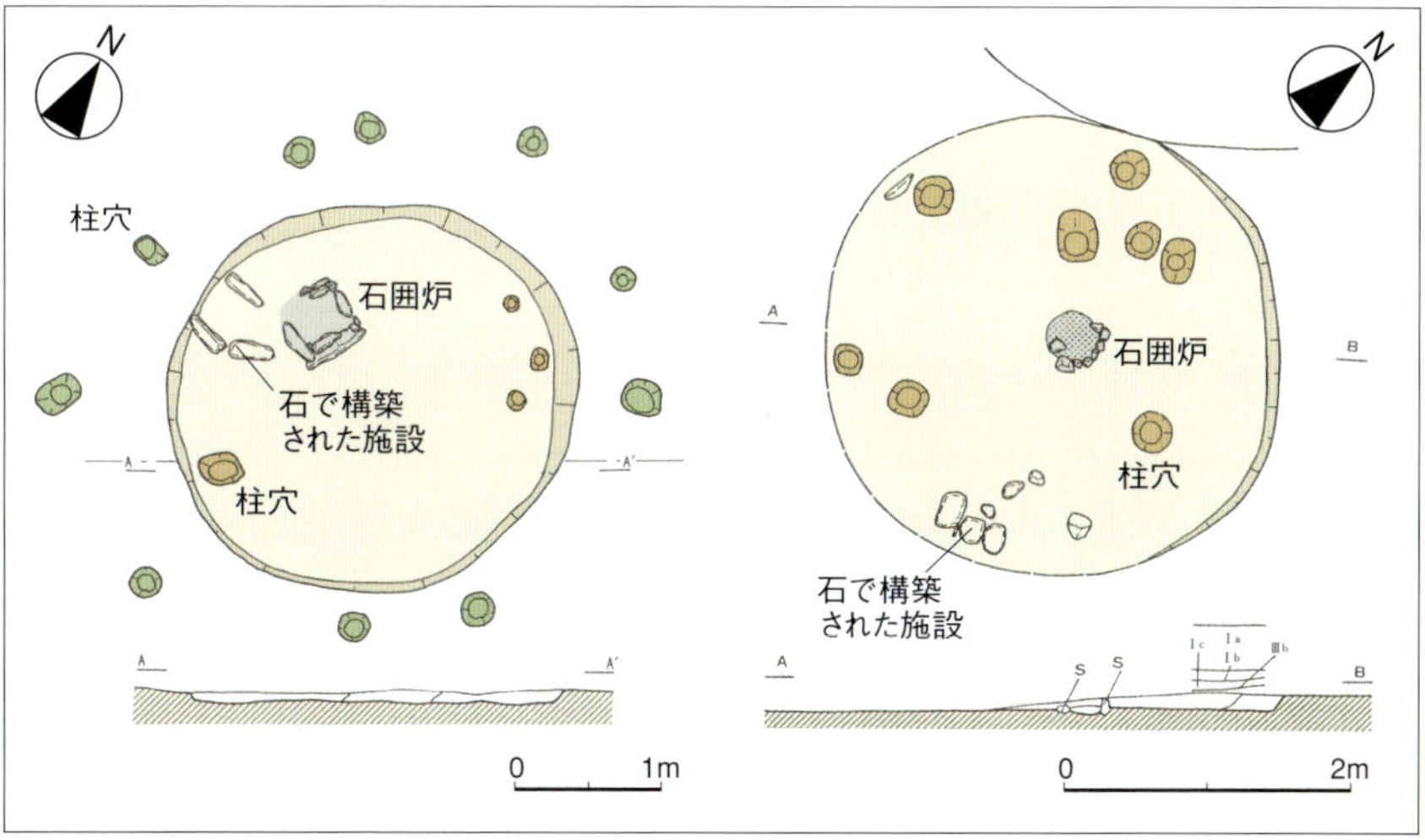

図36 ● 台地縁辺部の竪穴住居跡
左：第403号竪穴住居跡、右：第408号竪穴住居跡。

年の調査例がはじめてであった。

葬祭場を管理する人の住居か

さらに竪穴住居群の広がりを確認するために、一九九〇、九六、九七年にも万座環状列石の北側台地縁辺部の調査をおこなったが、新たに竪穴住居跡は発見されなかった。また、万座環状列石の周囲3／4周分の調査も終了していたが、ここでも竪穴住居跡は一軒も確認されなかった。

九七年の時点までに検出された竪穴住居跡は、万座環状列石北側台地縁辺部の五軒のみであり、将来北西側の未掘部分を調査しても、計一〇軒を超えることはないと思われる。また、野中堂環状列石の東側の斜面にも湧き水があり、新たに住居跡がみつかる可能性があるものの、大規模な集落になるとは考えられなかった。

このようなことから野中堂、万座環状列石の周囲に集落はないと判断できる。野中堂、万座環状列石はおそらく、ある程度の距離をおいて周辺に点在する数〜十数集落の人びとによって営まれた共同の葬祭場であろう。北側台地縁辺部の竪穴住居跡は葬祭を司る人、あるいは葬祭場を管理する人の住居と考えられる。

しかし、二〇〇〇年、野中堂環状列石の南東側と北西側隣接地で、各一棟の竪穴住居跡が新たに確認され、環状列石の近くには竪穴住居跡がないというこれまでの見解を訂正することとなった。また、二〇〇二年の万座環状列石の北西側台地縁辺部のトレンチ調査でも七軒の竪穴住居跡が確認され、葬祭をおこなう、あるいは葬祭場を管理する特別な人の住居という説も揺るぎはじめている。

6　サークル周辺のさまざまな配石遺構

環状列石より新しい環状配石遺構

一九八七年の調査において、万座環状列石の北西側から（図37）、一部に張り出しをもつ環状の配石遺構三基が発見された（図38）。環帯部は細長い石の長軸をつないで数列からなる環帯をつくり、張出部には平石が敷かれている。

これらの配石遺構は形態的、構造的には環状列石とよぶべきものであるが、定着している野中堂環状列石、万座環状列石との混同を避けるために、「環状配石遺構」とよぶこととした。

ところが、その後の調査により、環状配石遺構には炉と数対の柱がともなうことが判明した。すなわち、柱が立ち屋根のある建物である。それまでの調査で確認できなかったのは、遺構保存の立場から思い切った掘り下げができなかったことや、遺構分布密度の高い地域では地床《じしょう》炉《ろ》や柱穴が環状配石遺構にともなうと判断できなかったためである。

環状配石遺構のうち、最大のものは第四号環状配石遺構で、環帯部は長軸二八メートル、短軸二〇メートルの楕円形で、環内中央に石囲炉があり、四～五対の主柱穴と環帯付近に八～一〇対の壁柱があると予想される。そのつぎに大きいのは第二〇二号環状配石遺構で、北西側半

図37●万座環状列石とその周辺
北〜北西部にかけて、環状配石遺構や方形配石遺構などが多く発見されている。

分が未掘であるが、ボーリング棒調査により径一四メートルと推定されている。

他の環状配石遺構は、環帯部径五・四〜八・八メートルの円形で、張り出し部は長さ〇・七五〜一・八メートル、幅〇・八五〜二・六メートルの規模である。また、二対四個の柱穴がともなうという共通性がある。環内の炉は第二号環状配石遺構が石囲炉であるほかはすべて地床炉である。

環状配石遺構からの出土遺物は少なく、数点の縄文土器片や掻器《そうき》、土器片利用土製品が出土している程度である。そのようなかで第二二〇号環状配石遺構からは、縄文土器片数十点、掻器、磨製石斧、石皿、凹石、磨石、敲石各一点、石錘四点が出土した。また、第九〇九号環状配石遺構からは、縄文土器片三一点、磨製石斧、土偶腕、土偶足、環状土製品、土器片利用土製品各一点が出土した（図39）。

土偶の足は右足で、この環状配石遺構の北東二〇メートルの地点で発見された土偶に接合した。土偶

図38 ● 環状配石遺構
1987年の調査でその一部が確認された第207号環状配石遺構。その後の調査により、2対4個の柱穴（白線）と地床炉（中央の黄色部分）がともなうことがわかった。

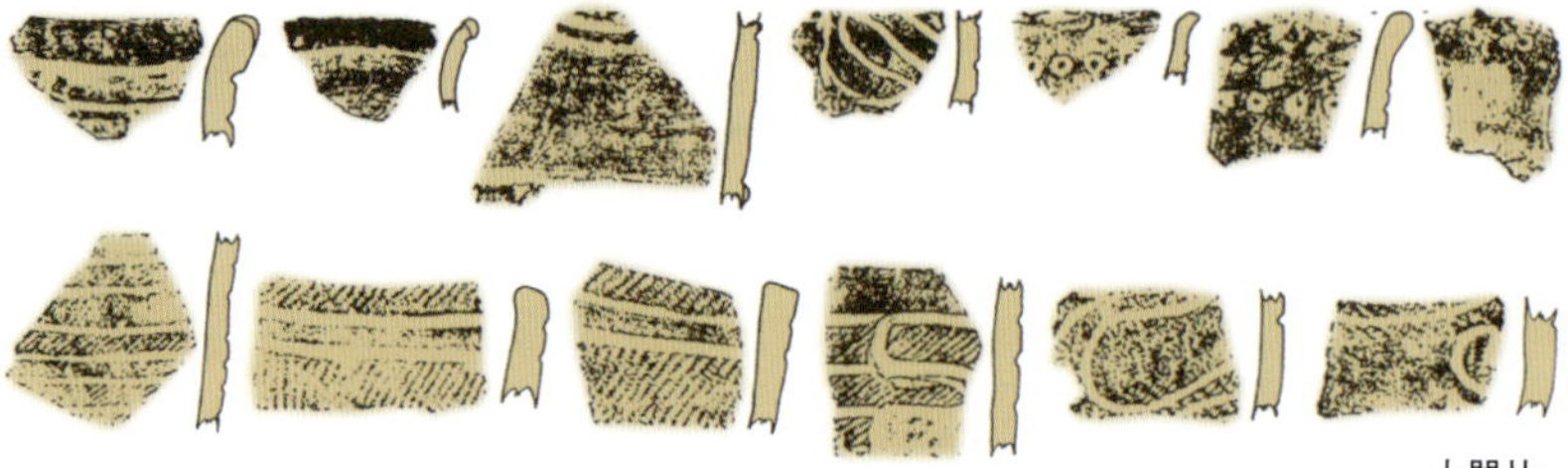

土器片

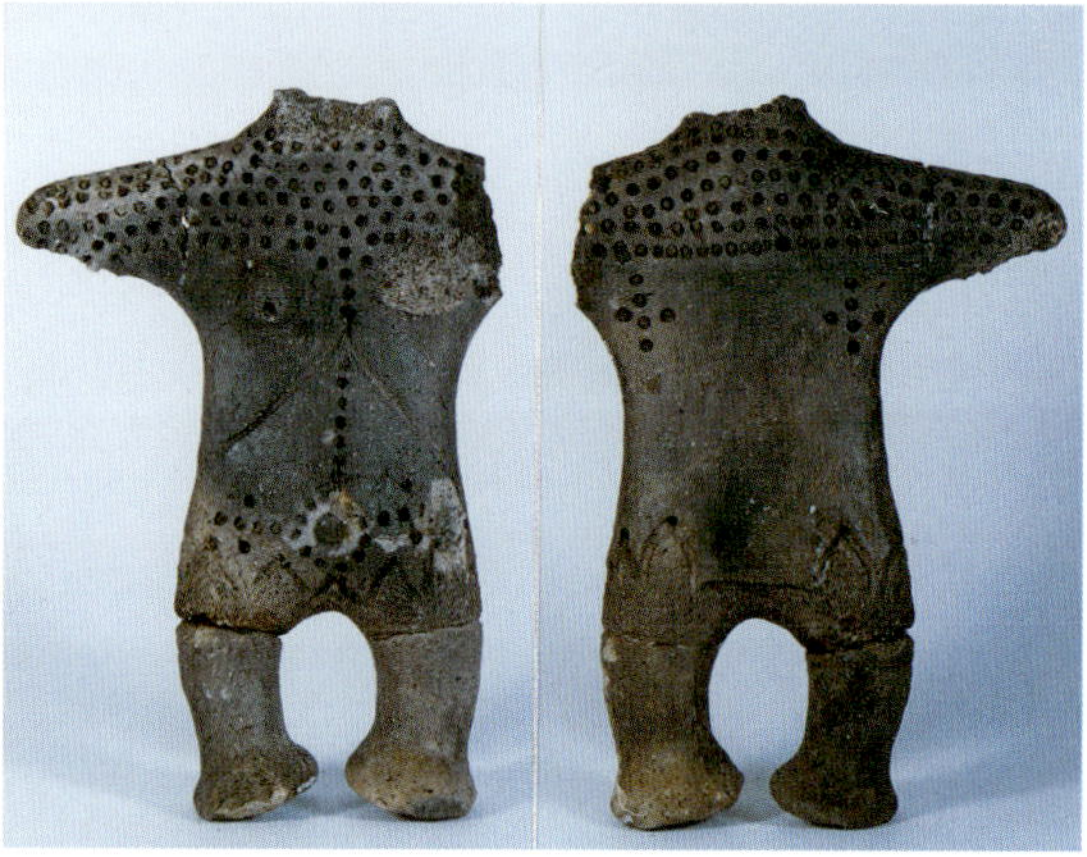

胴体と足が接合した土偶

石　皿

大型土偶の左腕

石　鏃

磨製石斧

図 39 ● 環状配石遺構からの出土遺物

腕は大型土偶の左腕である。

こうした出土遺物や他の遺構との新旧関係からみて、これらの環状配石遺構の構築時期は、環状列石よりも新しい縄文時代後期前葉〜中葉と考えられる。また、大規模な第四号環状配石遺構は、第一号環状配石遺構との新旧関係から、他の環状配石遺構よりも古いと考えられる。

環状配石遺構の性格については、関東地方の敷石住居に形態が似ているものの、本遺跡の特殊性から、一般の住居ではなく、祭祀にかかわる施設と考えたい。

環状配石遺構はこれまでに一二基確認されているが、最大規模の第四号環状配石遺構や第一、二号配石遺構は、万座環状列石の北約一〇〇メートルの地点、二番目に大きい第二二〇号環状配石遺構は万座環状列石北西の台地縁辺部、第六〇二、六〇三号環状配石遺構の二基は万座環状列石の東側に近接している。他の六基の環状配石遺構は万座環状列石の北西側に位置し、径三六〜六二メートルの環帯内に分布している。

また、それぞれの環状配石遺構の張り出し部も環帯の内側を意識した位置に付設されるという特殊性を示している。

方形配石遺構

方形配石遺構としたものは、一四〜七二センチ大の石を一辺四・二〜四・四メートルの正方形に配置した遺構である（図40）。一九九三年の調査で万座環状列石の北および北西側近接地より確認されている。

環状配石遺構のような張り出し部をもたず、柱穴や炉も確認されていない。また、配石にともなう土坑もなく、そのつくられた目的は明らかとなっていない。出土遺物は少なく、第三〇二号から石錘一点、掻器七点、第四〇六号から縄文土器片三二点、掻器一点、土器片利用土製品三点、石冠一点が出土したのみである。

これらの出土遺物や確認された層から、方形配石遺構のつくられた時期も縄文時代後期の前〜中葉と考えられる。

配石列

万座環状列石の北東一四メートルには、総延長八八メートルにもおよぶ配石列があり、それは北北西から南南東方向にのびている。この第四〇四号配石列（図41）は、一九四六年の調査によって一部確認されていたが、九三、九四年の調査によってその全容が明らかとなった。配石列は三基の直線状の石列

図 40 ● 方形配石遺構
左：第 302 号方形配石遺構。右：第 301 号環状配石遺構。

からなり、二〇～八〇センチ大の柱状あるいは扁平な石を一～二列に立て並べている。

　また、万座環状列石の南南東三四メートルからは北北東―南南西方向の二条の配石列が確認されている。第六〇一号配石列は一二～五二センチ大の石を弧状に、第六〇六号配石列は一五～三三センチ大の石を直線的に配置したもので、両配石列は一連のものの可能性もある。

　これらの配石列の性格を推察できる発掘資料はほとんどない。その位置やのびる方向から、環状列石をはじめとする聖域を区画するためにつくられたのであろうか。

　万座環状列石の北、南、南東側や野中堂環状列石の北西側からは、二条一対の配石列が確認されている。これらは環状列石の外帯からのびることから、環状列石と一連のものであり、列石への出入口と考えられる。

　また、一九九九年の万座環状列石の内・外帯間の調査では、その東部から内帯と外帯をつなぐように一条の配石列が発見されている。その位置や規則性からやはり環状列石と一連の遺構と考えられる。

図41 ● 配石列
万座環状列石の北東14mにある配石列は
総延長88mにもおよぶ。

第4章　大湯環状列石の変遷

1　環状列石の成立と分散化

遺跡の分布

前章までで、史跡内から発見されている環状列石、環状配石遺構、竪穴住居跡、掘立柱建物跡、フラスコ状土坑などの調査経過と分析結果を述べてきた。

それぞれの遺構にはそれぞれに適した立地条件があり、風、日当たり、水、排水などを考慮し、適地を選び、時には造成して遺構をつくっている。

野中堂、万座環状列石は、台地上に小沢が入り込み、もっとも幅が狭くなる部分につくられ、その距離は両列石の径を足した九〇メートル、野中堂環状列石中心から万座環状列石中心を望むラインは夏至の日の日没ラインにほぼ一致する。また、列石造営に先立ち、平坦に造成され、配石（組石）遺構は整数倍の関係にある内帯、外帯内につくりつづけられる。

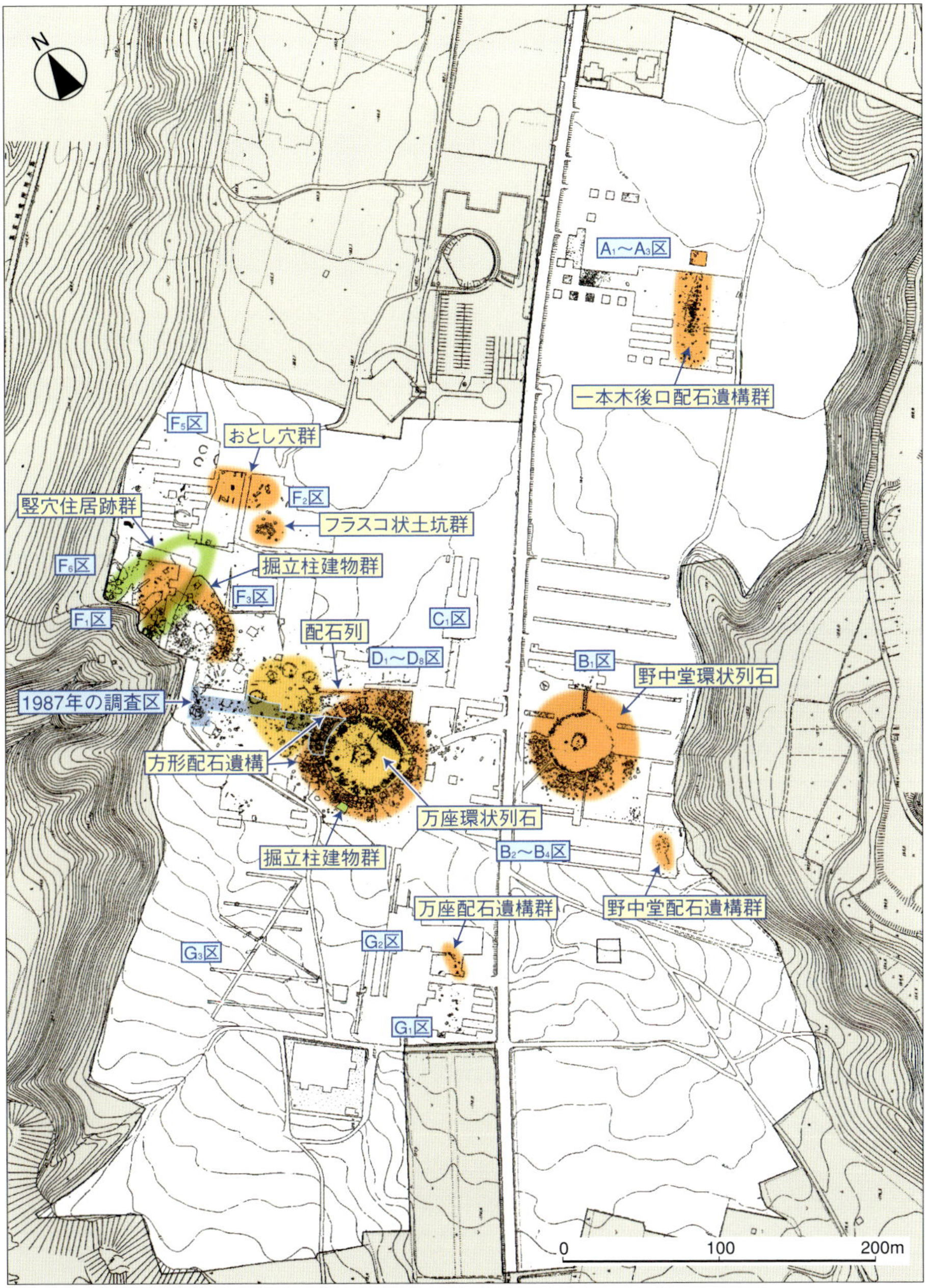

図 42 ● 遺跡の広がりと遺跡内のさまざまな遺構

　また、環状列石の周囲には、六本柱建物、四本柱建物、フラスコ状土坑（貯蔵穴）が同心円状にめぐり、その幅は整数倍の関係にあり、環状列石内と同様に環状配列という規制がおよんでいる。

　竪穴住居跡は万座環状列石の北西側台地縁辺部と野中堂環状列石周辺から発見されている。湧水の近い場所が選ばれたのであろう。

　環状列石周辺以外のフラスコ状土坑は、小丘や尾根状の場所につくられる傾向にある。雨水対策であろう。また、Tピット（おとし穴）は小沢に沿うように連続してつくられ、獲物を効率的に獲っていたことがうかがえる。

　一本木後ロ配石遺構群は、大きな沢を隔てて野中堂環状列石の北東側に位置する。野中堂環状列石の選地にあたっては、すでにつくりあげられていた一本木後ロ配石遺構群を大事に残すため、その場所を避けるという意識があったようだ。

　多くの環状配石遺構は万座環状石の北側に近接

後期前葉（約4000年前）	第１期	Tピット（おとし穴）、フラスコ状土坑（貯蔵穴）、土坑
	第２期	一本木後ロ配石遺構群、万座配石遺構群 万座環状列石北100mの建物群・土坑群 フラスコ状土坑、土坑
	第３期	野中堂環状列石、万座環状列石 野中堂配石遺構群、配石列 環状列石周囲の建物、フラスコ状土坑、土坑群 竪穴住居跡、（方形配石遺構）他
後期中葉（約3500年前）	第４・５期	環状配石遺構 竪穴住居跡 フラスコ状土坑、土坑　他

図43 ● 遺構の変遷

してつくられている。やはり祖先がつくった環状列石を避けながらも、その近くにつくられるべき遺構であったのであろう。

これらの遺構は、縄文時代後期前葉〜中葉（約四〇〇〇〜三五〇〇年前）にかけてつくられたもので、おおむね五期に分けることができる（図43）。

第一期　配石遺構成立以前（図44）

第一期には、動物を獲るためのおとし穴や食料の貯蔵穴と考えられるフラスコ状土坑が台地縁辺部や小沢部に散在している。

Tピット（おとし穴）は小沢に沿うように連続してつくられ、フラスコ状土坑は小丘上や微高地につくられている。

配石遺構はまだみられない。掘立柱建物や竪穴住居などもなく、狩りの場、貯蔵の場として利用されていたと考えられる。

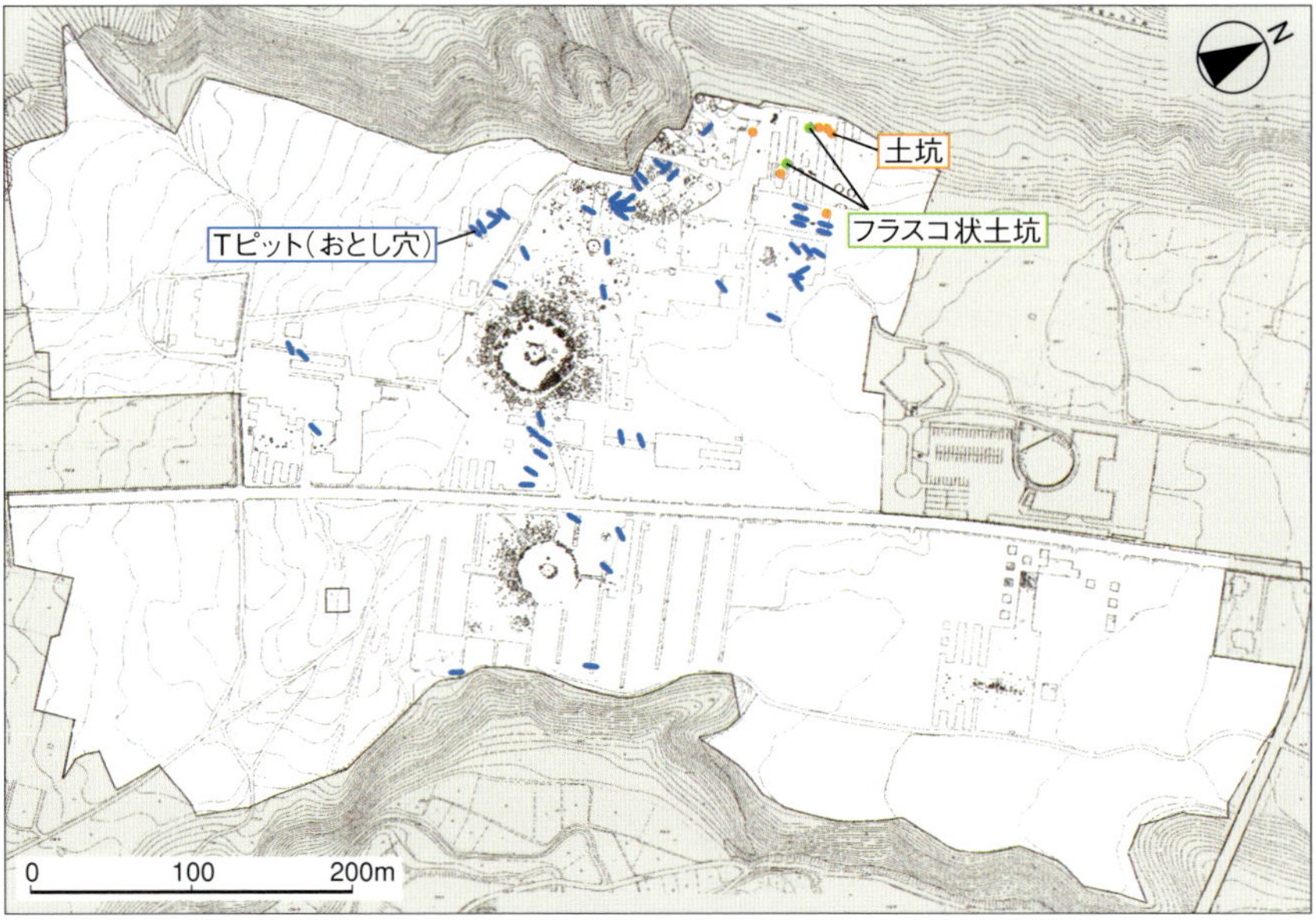

図44 ● 第1期の遺構分布
小沢や緩斜面にTピットがつくられる。

第二期　配石遺構群の成立（図45）

第二期には、野中堂環状列石の北東三〇〇メートルに大きな沢を隔てて一本木後ロ配石遺構群が、万座環状列石の南一一〇メートルに万座配石遺構群がつくられる。

これらの配石遺構群は、野中堂、万座の環状列石と同様、配石墓群の集合体ではあるが、環状にはならず、弧状に分布している。しかし、一本木後ロ配石遺構群は、弧状列石をはさんで内帯と外帯に分割されること、さらに群を構成することなど、環状列石との類似点が多く、環状列石の萌芽を感じさせる。

また、この時期、万座環状列石の北一〇〇メートルの地点には径五四メートルの環状に一二棟の掘立柱建物が建てられる。これらは四本柱や六本柱の建物で、その柱配置は環状列石周辺のものと類似している。この建物群の周辺からは二二基の土坑が確認されており、うち何基かは土坑墓の可

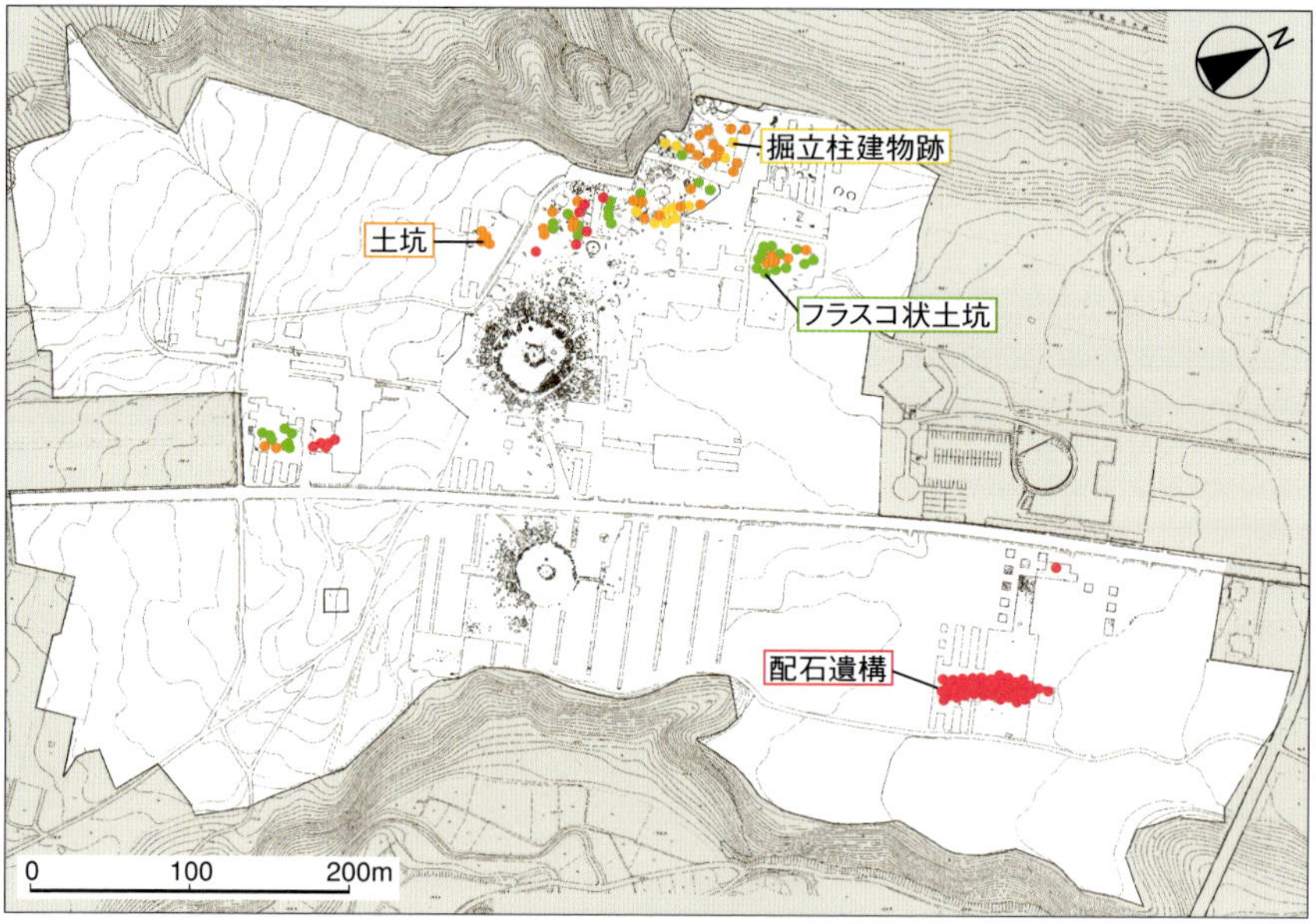

図45 ● 第2期の遺構分布
北側台地縁辺部に建物群・土坑群がつくられる。また一本木後ロ配石遺構群や万座配石遺構群もつくられる。

能性がある。建物群の内側に土坑墓が一巡していたとしたら、その様相は、配石をともなわないものの、環状列石とその周辺の建物群と似たものになる。

第三期　野中堂、万座環状列石の成立（図46）

第三期になってはじめて野中堂、万座の環状列石がつくられる。この二つの環状列石の詳細は前章までに述べてきたとおりである。

野中堂環状列石の選地にあたっては、すでにつくりあげられていた一本木後ロ配石遺構群を大事に残すため、その場所を避けるという意識があったようだ。

さらに環状列石の周囲には、六本柱建物、四本柱建物、フラスコ状土坑（貯蔵穴）が同心状にめぐる。

また、万座環状列石の北西側台地縁辺部には主柱が五本柱で、壁柱が出入口を除き円形に一巡す

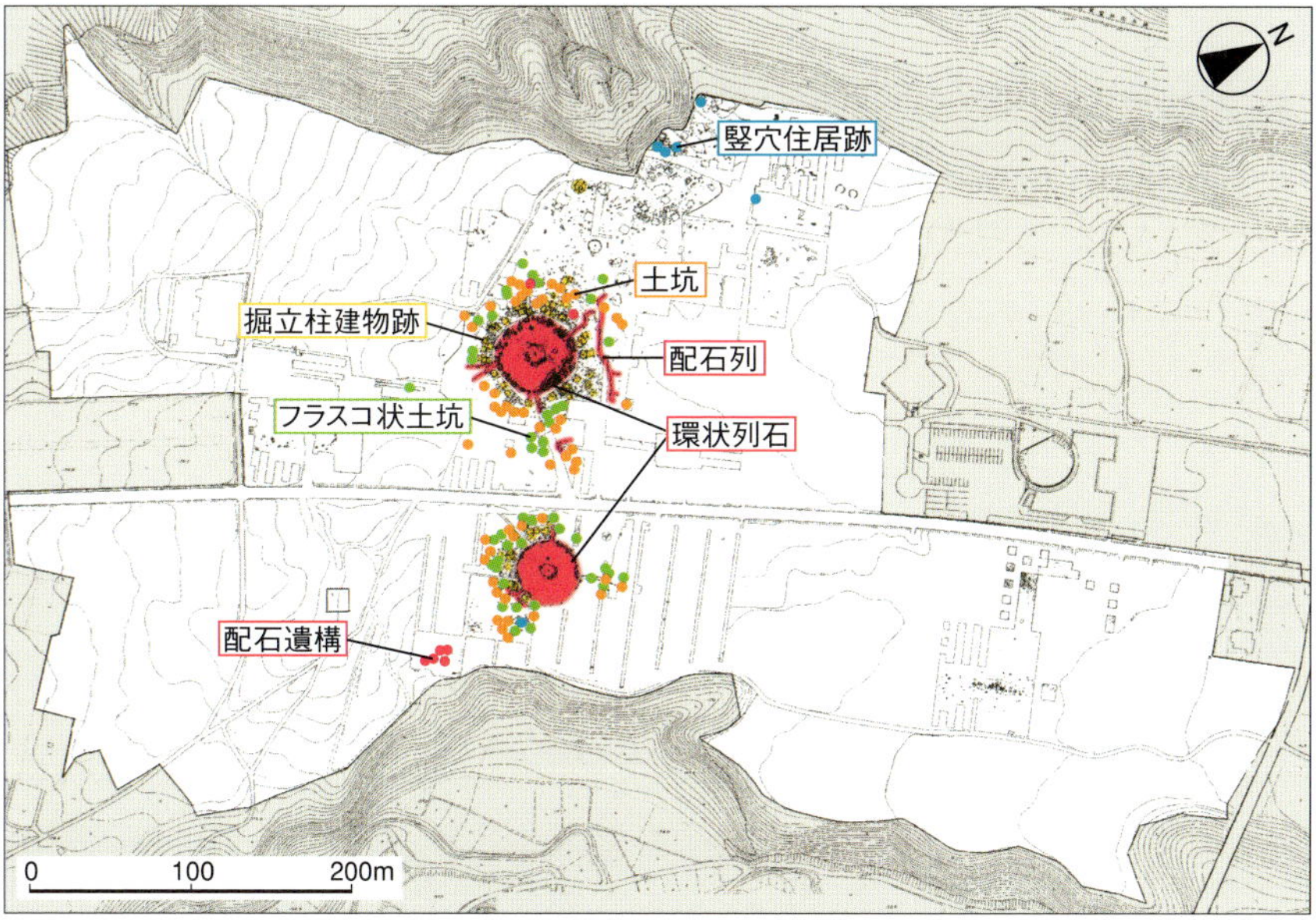

図46 ● 第3期の遺構分布
野中堂、万座環状列石がつくられる。環状列石の周囲には
掘立柱建物、フラスコ状土坑がめぐる。

る建物が、北側および西側台地縁辺部には竪穴住居がつくられる。

第四・五期　環状配石遺構への移行（図47）

第四期には、万座環状列石から北九〇メートルの地点に大型の環状配石遺構がつくられる。長軸二八メートル、短軸二〇メートルの楕円形で、北側に四メートル×三メートルの張り出し部がある。ほぼ中央に石囲炉があり、五〜六対の柱を主柱とする大型の建物である可能性が高い。

さらに第五期には、規模が小さくなって、五〜一四メートル規模の環状配石遺構一一基がつくられる。

これら多くの環状配石遺構は、万座環状石の北側に近接してつくられている。それらは径三六〜六二メートルの環状に分布しており、張り出し部はその中心を向く。このころまでいろいろな遺構を環状に配置するという円環の思想が続いていたことが知られる。これらの環状配石遺構の中央には地床炉があ

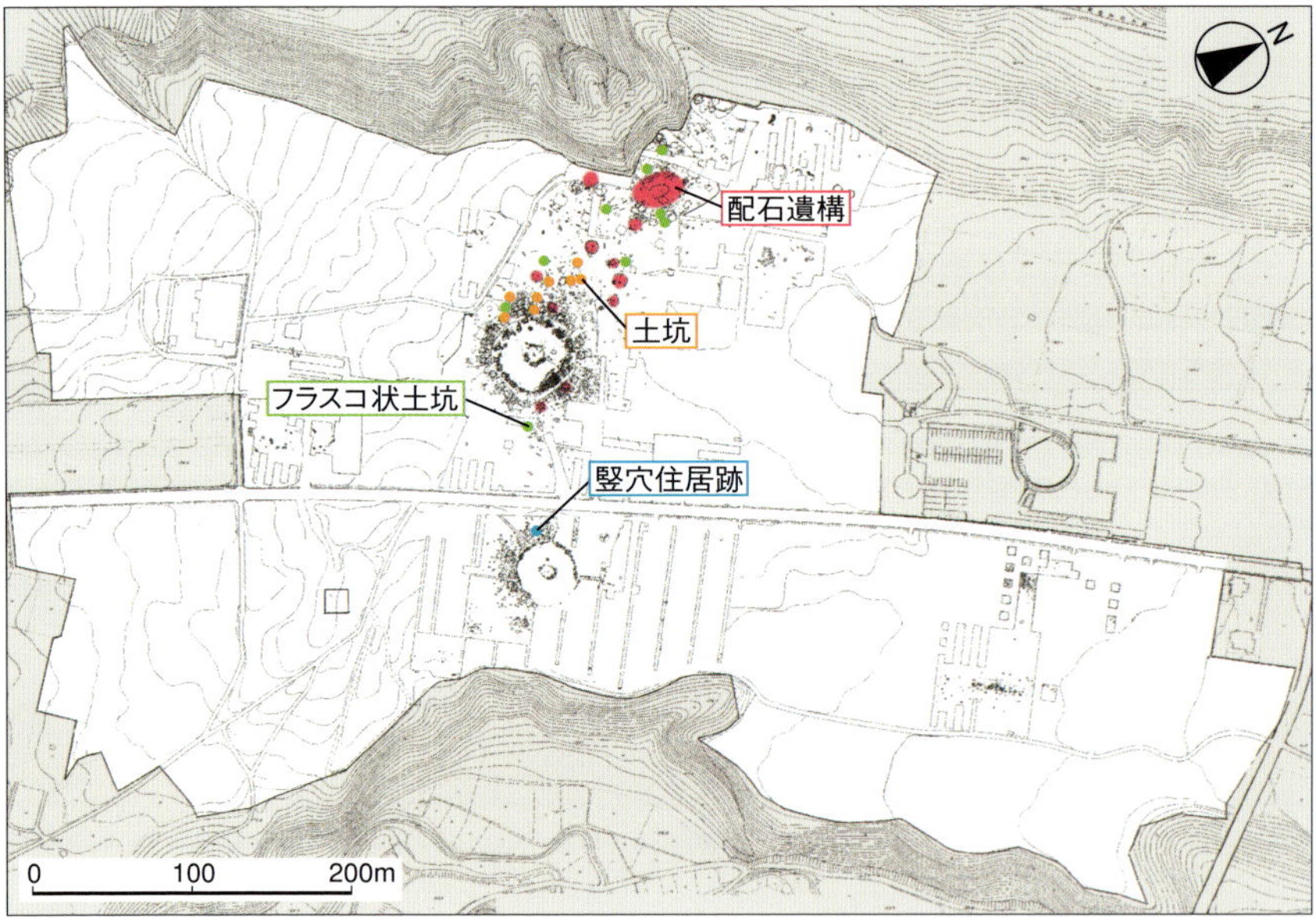

図47 ● 第4・5期の遺構分布
環状配石遺構がつくられる。

り、二対四本の柱穴がともなう。敷石住居の形態に似ているが、この遺跡の性格上、祭祀にかかわる建物と考えたい。

なお、第四、五期になっても第二期の一本木後ロ配石遺構群や第三期の野中堂、万座環状列石は壊されることも埋まることもなく、その姿を地上に残すのである。

大湯環状列石の終焉

第五期を最後に、大湯環状列石での遺構の造営は終了する。

この後の後期後半の遺跡としては近くに草木A遺跡が、晩期の遺跡としては中ヶ野Ⅰ・Ⅳ遺跡、上屋布遺跡などがあるが、発掘調査されておらず、その内容はわからない。

東北縦貫自動車道建設にともない発掘された花輪地区の案内Ⅱ遺跡は後期末葉の集落跡で、配石遺構や埋設土器遺構、土坑をともなう。住居群、配石遺構、土坑群が近接しており、集落の近くに祭祀場や墓地がつくられた例といえる。一方、猿ヶ平Ⅰ遺跡は中期末から晩期の遺跡であるが、後期から晩期にかけては墓域として利用されたと考えられている。

このように後期後半から晩期にかけては、集落の近くに祭祀の場や墓域がつくられる例と墓域が単独でつくられる例があるが、いずれにしても大湯環状列石のような大規模な葬祭場が再びつくられることはなかった。

2 今後の研究の課題

わかったこと、わからないこと

大湯環状列石およびその周辺は、これまでに約五万平方メートルが調査されている。それでも、遺跡が三〇万平方メートルにもおよぶ大規模なものであるために、調査面積は全体の一七パーセントにすぎない。

また、環境整備計画とのかかわりで、万座環状列石の周辺、野中堂環状列石の南西側、万座環状列石の北側台地縁辺部については比較的調査されているものの、史跡の南西部についてはほとんど調査されていない。

これまでの調査によってわかったこと、わからないことをまとめると、つぎのようになる。

（1）一本木後ロ配石遺構群は、配石墓群の集合体であり、構造の類似する野中堂や万座の環状列石もまた配石墓の集合体と推察された。ただし、この配石遺構群は環状とはならず、弧状で終わると考えられている。

（2）万座環状列石の周囲には六本柱や四本柱の掘立柱建物、フラスコ状土坑などが環状に規則的に分布することが明らかとなり、野中堂環状列石の周囲も同様であると考えられる。

（3）掘立柱建物の性格については、祭祀にかかわる施設と考えたが、一般の住居という説も消えていない。

（4）環状列石の周囲に竪穴住居が分布するという当初の予想に反して、万座環状列石の周囲から竪穴住居跡は一軒も確認されなかった。その後の調査で野中堂環状列石の北西および南東側隣接地で各一軒の竪穴住居跡が発見されたが、環状列石とこれら竪穴住居跡との関連は不明なままである。

（5）竪穴住居跡については、今後の調査においても大幅に増えるとは考えられない。そのため、史跡内には一般的な集落はなく、発見されている竪穴住居跡は、祭祀を司る人あるいはこの聖域を管理する人の住居と考えたい。

これからの調査の課題

解決できない問題、新たな課題も派生している。現時点での課題と今後の調査に期待することをまとめると、つぎのようになる。

（1）第一に、このような大規模な環状列石をつくった人びとが、どこに住んでいたかという問題である。

万座環状列石北西側などで確認されている竪穴住居跡群を一般の集落としても、この一集落だけで環状列石をつくり得るものではない。周辺の集落から人びとが集まり、つくりつづけたものと考えているが、実際にその集落はどこにあるのか、その範囲はどの程度なのか、重要な問題である。本遺跡周辺には同時期の遺跡が分布しており、これらの遺跡の調査が是非とも必要となろう。

（2）第二に、万座環状列石や野中堂環状列石の周囲に、四本柱と六本柱の掘立柱建物があるが、両者は構造的にちがうのか。

　復元されたように、いずれも屋根は寄棟で、床は平地式、壁はないと考えてよいのだろうか。またつくられた目的、用途が六本柱建物と四本柱建物とではちがうのか。環状列石を構成する配石遺構が内帯と外帯の二重に分布すること、配石遺構の配石形態が数種類あることとの関連で、興味深い問題である。
（3）第三に、掘立柱建物、環状配石遺構、方形配石遺構などは、祭祀施設と想定したが、それらの遺構ではどのような祭祀がおこなわれていた

台付土器

壺形土器

壺形土器

切断蓋付土器

図 48 ● 万座環状列石周囲から出土した土器

のであろうか。

この問題は本遺跡の発掘資料のみで解決できる問題ではないが、当時の精神文化をさぐるうえでも、解明に努力する必要がある。

（４）第四に、野中堂環状列石と万座環状列石は同時につくられたのかという問題である。両列石の形態およびその周辺の遺構が類似する規則性をもつこと、互いを意識した位置に出入口があることなどから、同時あるいは継続してつくられたものであることはまちがいない。

同時につくられたとすると、野中堂に埋葬される人と万座に埋葬される人は、何がちがうのであろうか。それはどのような思想、社会的な規制にもとづくのであろうか。酸性土壌であるため、人骨が出土する可能性がほとんどない本遺跡においては、自然科学分野の発展に期待したい。

（５）第五に、遺跡に隣接する斜面にどのような遺構があるかということである。

岩手県滝沢市湯舟沢Ⅱ遺跡では斜面から環状列石の石を引き上げた道が、青森市小牧野遺跡では道路状遺構や湧水遺構が確認されている。秋田県内でも、最近、本荘市上谷地《かみやち》遺跡や能代市柏子所《かしこどころ》Ⅱ遺跡で水さらし場遺構、北秋田市漆下《うるしした》遺跡では石積み階段状遺構が相次いで発見されている。万座環状列石の北西側台地中段や野中堂環状列石の南東側台地斜面に現在も湧水があり、縄文時代の湧水遺構や水さらし場遺構が確認される可能性が高い。

第5章　よみがえる祈りの空間

1　縄文景観を復元する

縄文を感じとれる整備に

これまでの発掘調査により、史跡内からは野中堂環状列石、万座環状列石のほかに、環状配石遺構、方形配石遺構、配石列、配石遺構群、掘立柱建物跡、竪穴住居跡、フラスコ状土坑、Tピットなど、さまざまな遺構が検出された。しかし鹿角市は、この貴重な史跡をよく理解できるように、すべての遺構を復元するのではなく、野中堂、万座環状列石をはじめとする配石遺構を中心に復元することにした。

まず、縄文時代が感じられる景観とするため、耕地整理により段々畑状になっていた土地を、発掘調査結果をもとに、沢や丘に復元し、縄文時代の地形とした。また、出土した炭化堅果類や花粉分析結果、さらには遺跡周辺の自然植生を考慮し、縄文時代に史跡に存在したと考えられる樹木の植栽をおこなった。遺構の分布の薄い部分や史跡の北端や南西部にはコナラ、クリ、コブシ、ミズナラ、ケヤキなどの高木、ガマズミ、ムスカリ、ムラサキシキブ、ウグイスカズラなどの中・低木を植栽し、縄文の森を復元することとした。

園路は、遺跡の保存と景観に配慮し、必要最小限にしている。環状列石周辺を大きく一巡する園路には薄緑色の平板を使用し、平板間には芝生を入れ、人工的なふん囲気をやわらげている。また、史跡内の案内板や遺構名称板なども最小限にし、その材質、サイズも違和感のないものとした。

2　環状列石を復元する

石を立てる

野中堂、万座環状列石を構成する石の総数は七〇〇〇個にもおよび、そのほとんどは石英閃緑ひん岩である。当時は、薄緑色の綺麗な配石遺構が規則正しく二重の環状に並んでいたであろう。しかし、両環状列石の一部はすでに一九三一年にはその姿をあらわし、四二年の神代文化研究所による調査により、そのほとんどの石が表出された。以後、露出展示が続けられ、六〇年以上も風、雨、雪にさらされてきた。その間に転倒したり、本来の位置から動いた石、周辺の土砂が流れ込み埋もれてしまった石が数多くあり、ほとんどの石は黒く変色していた。

この環状列石を保存するためには、ふたたび土に埋め戻すのが最良の方法であるが、本物を見たいという見学者の要望を満たすため、今後も露出展示を続けることにした。そのためには、埋没した石を表出し、転倒、移動した石を復元し、劣化の進んでいる石の保護をする必要があった。復元する姿は、一九五一、五二年当時の姿とした。実測図や写真の整っているもっとも古い時期だからである。

石の黒ズミについては、洗浄し本来の緑色の石にすべきという意見と、黒ズミがあったほうが風格があり遺跡の歴史を感じとれるとの意見があった。洗浄剤や保存処理剤による遺構への影響も懸念された。

このため、石の黒ズミや劣化の原因究明、地下遺構に影響を与えない洗浄剤や洗浄技術の研究・開発をおこない、その結果にもとづいて洗浄して保存処理することとした。

石を洗う

石の洗浄・保存処理を二〇〇二年六月から一〇月に実施した。石を動かさない、洗浄剤などを土にし

図49 ● 水で洗う
石を動かさないよう、汚れが土にしみ込まないように気をつけながら、石の黒ズミを洗い落とす。

図50 ● **洗浄剤で洗う**
洗浄剤で洗浄後、雑巾で洗剤をふきとり、最後に噴霧器で洗い落とす。

図51 ● **撥水剤を散布する**
防カビ剤を混合した撥水剤を、刷毛を使用して石にしみ込ませる。

み込ませないという制約に加え、炎天下の作業で、繊細さと気力と根性のいる作業であった。

黒ズミは層になっていたため、洗浄は二回おこなった。一回目の洗浄は、洗剤を使用せず水のみでおこなった（図49）。これは洗剤が配石下の土坑に浸透することをできるだけ避けるためである。汚れが撒き散らないように石のまわりにキッチンペーパーを敷き、十分に水をかけて石をリンスした後、ブラシ、たわし、歯ブラシなどを用いて、表層の黒ズミを洗い落とした。水の節約と汚水の土壌への浸透を防ぐため、汚れは雑巾でふきとった後、洗浄瓶で水をかけながら洗い落とした。

二回目の洗浄には、特別に開発した洗浄剤を使用した。まず石のまわりにキッチンペーパーを敷きつめ、石に洗浄剤を塗り、養生シートで包み込み、一〜二昼夜蒸し状態にした後、ブラシなどで洗浄。ぬれ雑巾やペーパーで洗剤をよくふきとった後に、噴霧器または洗浄器を用いて洗い落とした（図50）。

石の劣化を防ぐ

水洗浄後には、破損・クラック（ひび割れ）の修復をおこなった。破損面（接着面）を溶剤で脱脂し、乾燥後エポキシ接着剤を塗り、必要に応じてガムテープで固定、硬化させた。クラック修復は、雨水などがしみ込むおそれのある個所や劣化進行を早めると思われる個所におこなった。また、石の劣化やカビの発生をおさえるため、強化・撥水処理をすべての石におこなった（図51）。

3　掘立柱建物を建てる

復元する建物跡を選ぶ

万座環状列石の周囲からは、四本柱の建物跡二〇棟、六本柱の建物跡三一棟が検出されているが、これらは同時に存在したものでなく、三期以上の建て替えがおこなわれている。建物の復元は、環状列石の完成期、すなわちもっとも新しい時期の建物跡についておこなうこととし、新旧関係や位置関係から、四本柱建物跡六棟、六本柱建物跡六棟を選び出した。

そのうち四棟は柱の位置だけをあらわす平面表示とした。これは、環状配石遺構と重複しているため環状配石遺構の保存上復元が困難である、などの理由からである。

構造を考える

発掘調査によって得られた掘立柱建物の情報は、柱穴の位置と柱の太さなどに限られていて、建物の上屋構造はほかの遺跡の出土部材や民俗例から推測するしかない。

そこで屋根は、竪穴住居跡の屋根の形状や北海道八雲町出土の家形石製品を参考に寄棟とした。床は、当初、柱穴および柱痕が大規模であること、床に踏み固められた痕跡がないことなどから高床構造を考えた。しかし、アイヌ例からの分枝式（枝を残した柱の枝分岐部に丸太を置き、その上に床材を敷く方法）の引用は根拠が弱く、富山県桜町遺跡例からの大引貫式（柱に穴をあけ、角材を通し、その上に床材を敷く方法）については、柱径が細いものもあり、す

図 52 ● 縄文時代の工法で掘立柱建物を建てる（1）
上：又首に屋中を結び、その上に垂木をとりつける。
下：垂木に小舞を蔓で結びつける。

図 53 ● 縄文時代の工法で掘立柱建物を建てる（2）
上：茅をとりつけて、小舞に紐で結びつけていく。
下：復元された第 804 号建物と作業に参加した人びと。

べての建物跡を高床とすることは不可能であるという指摘があり、環状列石周辺の景観も考慮して、四本柱、六本柱建物跡とも平地式で復元することとした。

壁は、発掘調査からの情報はなく、これらの建物が環状列石と密接な関係にあり、列石と一体となった祭祀がおこなわれていたことを感じとれるように、復元はしないこととした。

建物の規模は、発掘調査の結果をもとに、四本柱建物は桁行二・六〇〜三・七二メートル、梁間二・四二〜三・二三メートル、六本柱建物は桁行三・二五〜四・四〇メートル、梁間二・六〇〜三・九八メートル、張り出し柱間三・四〇〜五・九〇メートルとした。また、梁高は人手で柱に桁や梁が乗せられる高さの二・一メートル前後、棟高については梁から四十五度の勾配で屋根をかけた場合を想定し、三・九六〜五・〇〇メートルとした。

復元材にこだわる

復元材は、柱、桁、梁、棟木など主要部材にはクリを使用した。これは第二〇一号掘立柱建物跡の柱穴からクリの炭化材が出土していることや、北海道忍路土場遺跡、青森県三内丸山遺跡、富山県桜町遺跡など、縄文時代の遺跡から建築材としてクリの発掘例が増えているからである。

屋根材にはカヤを使用したが、これは第四号建物跡の柱穴からカヤの炭化茎が出土しているからである。また、棟押さえはクリ皮とし、クリ皮を押さえる小丸太には雑木を使用した。

カヤの葺き方については、当時は鉄器がなく、刈り込みをおこなうことはむずかしかったと考えられることから、軒先をそろえない「葺きおろし」とした。また、東アジアや東南アジアの民俗例などから、穂先を下にした「逆葺き」とした。なお、基礎工事に関しては、遺構の保存を考慮しつつ、環状列石との段差をできるだけ薄くする方法として、布状基礎を基本とした。

縄文時代の工法で建てる

さて、こうした復元案のような建物をほんとうに縄文人がつくり得たのであろうか。どんなにすばらしい建物を復元しても、技術的に縄文人がつくり得ないとか、構造的に欠陥があってはならない。このため八棟中の一棟、第八〇四号建物については、機械等を使用せず、できるだけ縄文時代の工法で再現し、その様子を記録に残すこととした（図52、53）。

作業は四本の柱が立っている状態から開始し、大工、カヤ職人計九名が延べ四日間を要して完成した。

なお、建物を復元せず、平面表示をすることになった建物跡は、発掘調査で確認された柱穴の真上に柱を建てた。柱材はクリで、表面には防腐剤を塗り、コンクリート基礎に固定した。柱材は径三〇センチ、長さ四〇センチで表出部分は二〇センチである。腰掛けとしても利用できる。

また、第七〇四号建物跡については、布状基礎上に四本柱を表示し、その上に床高一二〇センチの高床を再現した。見学者が万座環状列石を一望できるように、階段を設け、高床に上れるようにしている。

台地縁辺部の建物跡の復元

万座環状列石の北西側台地縁辺部では、五角形に配置された主柱穴と南東側の出入口を除き一巡する壁柱穴が確認されていた。この建物跡も遺跡の特異性を理解するうえで重要な遺構であるため、整備することとした。

ただし、壁柱穴としたものがほんとうに壁となるのか、五本柱の建物をめぐる柵となるのか断定できず、壁になるとしてもその上屋構造が不確実であるため、柱だけの表示による整備とすることにした(図54)。

主柱には径三〇センチ、長さ三・四五メートル、壁柱には径一五センチ、長さ一・九五メートルのクリ材を使用し、表面には防腐剤を塗った。

なお、北側の壁柱穴は第二〇二号環状配石遺構と重複しているため、また本建物跡中央で確認された地床炉はその表示方法がむずかしいため、表示しなかった。

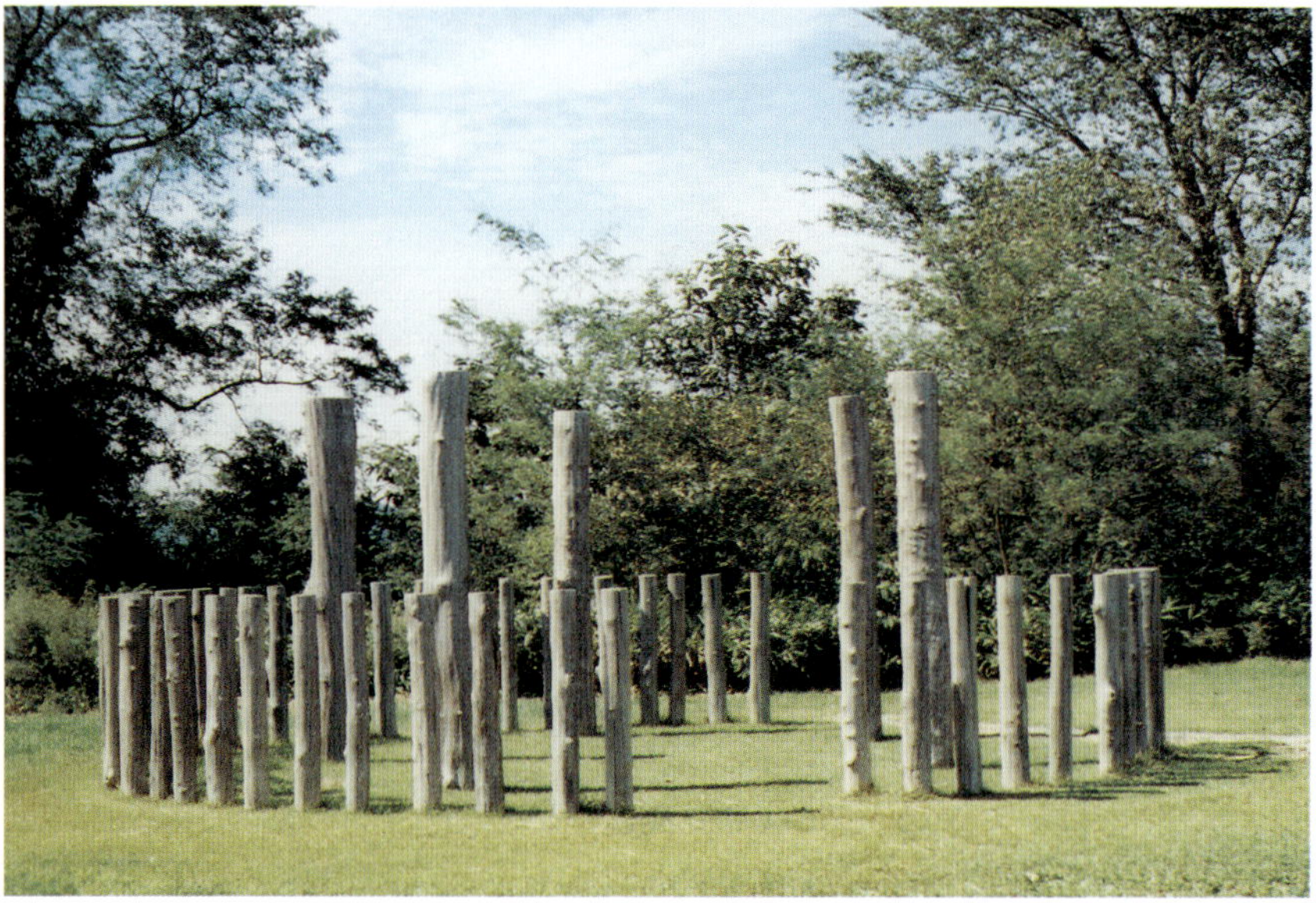

図54 ● 台地縁辺部の5本柱建物の復元
柱材が腐食したときにとり替えができるように、その固定には基礎コンクリートに埋め込まれた鋼管に差し込むという方法をとった。

4　配石遺構を復元する

配石遺構はすべて整備を

すでにみてきたように野中堂、万座環状列石のほか、遺跡内には多くの石の構築物、すなわち配石遺構があるが、それらはすべて整備の対象となった。

整備の方法は、発掘調査であらわれた配石遺構の実物を保存処理して露出展示する方法と、実物の真上に自然石を用いて復元する方法を採用した。

万座環状列石に近い方形配石遺構と環状配石遺構は、遺構保存用の覆土の厚さが確保できず、復元整備ができないため、露出展示することとした。これらの遺構は最近の調査で検出されたもので、黒ずみや石の劣化はみられないが、今後の露出展示で変色・劣化しないように、環状列石と同様の強化・撥水処理をおこなった。

復元整備した配石遺構は、万座環状列石の北側に分布する大型環状配石遺構（第四号）と、八つの環状配石遺構（図55）、一つの方形配石遺構、北東側および東側に位置する三つの配石列、万座配石遺構群を構成する配石遺構、そして野中堂配石遺構群を構成する配石遺構と配石列である。

石を運ぶ・組む

より実物に近い復元とするため、復元に用いる石は大きさや形ばかりでなく、石材にもこだ

図 55 ● 環状配石遺構の復元
手前から、第 401、03、402、403 号環状配石遺構。

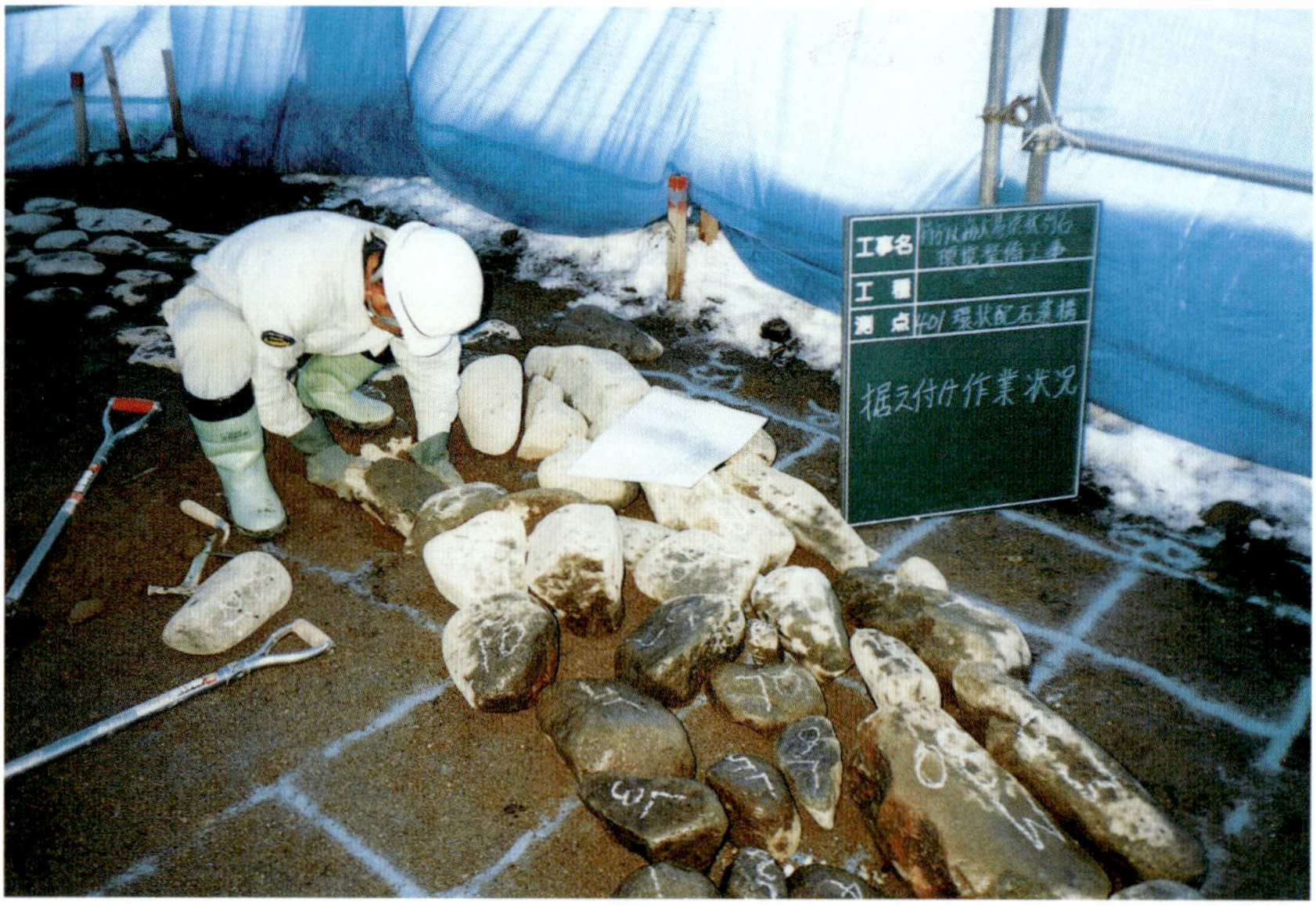

図 56 ● 石のすえつけ
発掘時の実測図と写真を見ながら石をすえつけていく。

わることとした。このため、土木事務所や営林署の協力を得て、縄文人と同じく石英閃緑ひん岩を安久谷川に求めた。

発掘調査で得られた配石遺構を構成する石のデータをもとに、同じような大きさ、形の石を一個一個さがし、トラックに積み込むという作業であった。それでも同じような石はなかなかみつからず、とりあえず実際に必要とする石の三倍の石を遺跡に運び、復元作業をしながら石を選別するという方法をとった。

実物の配石遺構の上に厚さ三〇センチの盛土をし、さらに砕石を一五センチ、砂とバーク堆肥を一五センチ、順に敷き、その上に座標を組み、発掘時の実測図と写真を参考に、石をすえつけていった（図56）。

実施設計、地形復元そして配石遺構の復元という作業工程から、これらの作業は冬期間にずれ込むことが多く、その作業は苦労が多かった。土が凍り、石すえつけ用の穴がなかなか掘れない。このため、復元する配石遺構周囲に覆屋をかけ、そのなかにストーブを入れ、かつバーナーで土をあたためて作業を進めざるを得なかった。

なお、環状配石遺構と方形配石遺構の内部および外周や配石遺構と配石列の周囲には野芝を張った。また、遺構内に柱表示をおこなった配石遺構もある。ただし環状配石遺構内の地床炉については、その表示方法がむずかしいため、表示しなかった。

5　特別史跡大湯環状列石のこれから

史跡案内ボランティアの活動

こうして縄文の祈りの空間は復元された。「環状列石をとり巻く景観および全体の雰囲気から縄文時代が感じとれるような環境整備を目指す」という整備理念から、説明板や解説板がなく、わずかに道案内板と遺構名称板などがあるにすぎない。他の遺跡とくらべるとかなり不親切な遺跡と感じるにちがいない。

遺跡の理解のためには、二〇〇二年四月二四日、北東側隣接地にオープンした大湯ストーンサークル館の展示とともに、遺跡案内人の役割が大きい。史跡を訪れる見学者は年々増加し、市専門職員だけでは対応できなくなっていたことから、二〇〇〇年七月、「ストーンサークル万座の会」がボランティア案内活動を開始した。

さらに、二〇〇一年度から鹿角市教育委員会は、史跡案内ボランティアの育成を目的に、大湯環状列石や縄文文化についての講義やガイド実習、遺跡見学会を内容とする講座を開

図57 ● ボランティアガイドの活動
野中堂環状列石の前で説明するボランティアガイド。

設するとともに、ガイドへのユニフォーム配布、保険料の負担など、ボランティア活動への支援を続けている。なお、二〇〇二年度は、高校生、大学生五名を含むガイド二六名が活躍し、案内回数は七三三回、案内した人数は五七〇八名にものぼっている（図57）。

また、二〇〇三年五月二二日には、実際にガイドをおこなっている人たちが中心となって、「ストーンサークルボランティアガイドの会」が発足した。

史跡でおこなわれるイベント

二〇〇〇年六月一七日、大湯環状列石芝生広場にて、オユンナ・モンゴル大草原チャリティコンサートが開催された。これはモンゴルの大寒波被害にあった遊牧民の救済を目的に、モンゴル救済チャリティ実行委員会がいろり塾ネットワーク鹿角支部の協力を得て実施したものである。

また、同年五月二五日には、史跡を会場に、鹿角市植樹祭が開催された。ブナ、ミズナラなど二〇〇本の木が植樹され、小中学生によるキジの放鳥、ブルーベリーのプレゼントがおこなわれた。同植樹祭は三年続けておこなわれている。

図58 ● 古代焼き大会
村長の神への祈りの様子。この後、村長が火をおこし、その火はそれぞれの土器焼きのカマに分けられる。

毎年八月の最終土、日曜日には、古代焼き大会（図58）が開催されている。ストーンサークルの保護・保存と観光開発に地域全体が一丸となってとり組んでいくことを目的に、地元十和田商工会の青年部が主体となって一九八七年から継続しているイベントで、事前に形づくった土器を史跡に持ち寄り、野焼きをする。当日は、あわせて縄文シンポジウムや縄文コンサートなどもおこなわれる。

二〇〇二年九月二二日、大湯環状列石および大湯ストーンサークル館でお月見縄文収穫祭が開催された。このイベントは北東北三県の代表的遺跡である青森県三内丸山遺跡、秋田県大湯環状列石、岩手県御所野遺跡の連携共同事業として実施されたものである。縄文フォーラムやお月見コンサートがおこなわれ、コンサートでは大湯縄文音頭も披露された。

親しまれ育まれる史跡を目指して

一九三一年、耕地整理中に発見された大湯環状列石

図 59 ● 環境整備が進む万座環状列石の周辺
万座環状列石の周囲には掘立柱建物が復元された。

は、多くの先学・諸氏の手によって調査・保護されてきた。

大湯郷土研究会の保存活動は、昭和初期という時代を考えれば苦労が多かったにちがいない。ボランティア活動の魁であり、貴重な遺跡を後世に残した功績は大きい。一九四六年の秋田県・朝日新聞社や五一〜五二年の文化財保護委員会による発掘調査は遺跡の重要性を明らかにし、史跡指定を促した。また、高校の先生や生徒が協力して進められた七三〜七六年の分布調査は周辺遺跡の範囲を明らかにし、二つの環状列石ばかりでなく、広く遺跡の保存が図られることとなった。また、史跡指定、公有化には五〇名を超える土地所有者の協力があった。

そして現在、環状列石を囲っていたフェンスはとり除かれ、石の洗浄と配石の復元により、往時の美しい環状列石を容易に見ることができるようになった。

掘立柱建物の復元により、これまでの石だけの遺跡というイメージを一新し、石とともに木を多用してい

図60 ● 往時の姿に復元した野中堂環状列石
内帯、外帯の二重の環状に配石遺構がつくられている様子がよくわかる。

たことが理解できるようになった。万座環状列石では、周囲に六本柱や四本柱の建物が規則的に、同心円状に配置されていた様子を視覚的に感じとることができる。

史跡北端、南側に植えられた木々は少しずつ大きくなり、史跡外の人工物を遮断し、縄文時代の景観をつくりつつある。

現在、第Ⅱ期環境整備に向け、史跡西部の発掘調査が継続されており、新たな成果が期待される。第Ⅱ期の環境整備が終了するのが二〇一七年、第Ⅲ期、第Ⅳ期と続き、すべての環境整備が終了するのは二〇二七年と気の長い計画である。

これまでの長い調査の歴史、そしてこれからの長い調査と整備の計画、このような遺跡はほかに例がないであろう。焦らず慌てず、五〇年後、一〇〇年後に評価されるすばらしい環境整備でありたい。

今後も、見学者に満足してもらえる環境を整備するとともに、大湯環状列石や縄文遺跡、縄文時代に関する講演、講座、シンポジウムなどの開催のほか、さまざまな史跡でのイベントの企画、実施、民間団体の支援を積極的に進める必要があろう。いつまでも親しまれ育まれる史跡であるために。

引用参考文献

武藤一郎「鹿角郡大湯町に於ける遺跡の研究」『秋田考古学々誌』2—5　一九三一年
小寺小次郎「十和田湖周辺火山灰層下の神代遺跡及び遺物発掘報告」『神代文化』第45号　一九四二年
吉田富夫「環状列石遺跡の標式的型式を具備」『神代文化』第47号　一九四二年
甲野　勇「巨石遺物」『科学朝日』第6巻第12号　一九四六年
野津　甫「日本にも巨石文化址」『週刊朝日』　一九四六年
甲野　勇「ストン・サークル後記」『科学朝日』第7巻第11号　一九四七年
甲野　勇「巨石文化と農耕の問題―大湯だより―」『あんとろぽす』第2巻第1号　一九四七年
後藤守一「大湯の巨石遺跡」『旅』一九四七年
甲野　勇「秋田県大湯の巨石遺跡」『民族学研究』第12巻第4号　一九四七年
斎藤　忠編『大湯町環状列石』文化財保護委員会　一九五三年
阿部義平「配石墓の成立」『考古学雑誌』第54巻第1号 一九六八年
水野正好「環状組石群の意味するもの」『信濃』第20巻第4号 一九六八年
江坂輝弥「縄文時代の配石遺構について」『北奥古代文化』第3号　一九七一年
斎藤　忠「大湯環状列石と日本の縄文時代の類似遺跡について」『北奥古代文化』第3号　一九七一年
諏訪富多『特別史跡大湯環状列石発掘史』大湯郷土研究会　一九七三年
秋田県教育委員会・鹿角市教育委員会『大湯環状列石周辺遺跡緊急分布調査報告書』　一九七四年
浅井末吉『遺跡巡礼日記』大湯郷土研究会　一九七五年
秋田県教育委員会『大湯環状列石周辺遺跡分布調査概報』一九七五年
鹿角市教育委員会『大湯環状列石周辺遺跡概報』一九七六年
鹿角市教育委員会『大湯環状列石周辺遺跡分布調査報告書』一九七七年
鹿角市・鹿角市教育委員会『特別史跡大湯環状列石保存管理計画書』一九七八年

林　謙作「縄文期の村落をどうとらえるか」『考古学研究』第26巻第3号　一九七九年
佐々木勝他『東北新幹線関係埋蔵文化財調査報告書Ⅶ―西田遺跡―』岩手県教育委員会　一九八〇年
阿部義平「配石」『縄文文化の研究9』雄山閣　一九八三年
水野正好「ストーンサークルの意義」『季刊考古学』第9号　雄山閣　一九八四年
冨樫泰時「大湯環状列石研究史と今後の課題、(2)」『よねしろ考古』第1、3号　一九八五、八七年
鹿角市教育委員会『大湯環状列石周辺遺跡発掘調査報告書(1)～(6)』一九八五～九〇年
阿部義平「日時計の考察―大湯環状列石の配石類型の意味―」『よねしろ考古』第2号　一九八六年
秋元信夫「環状列石と建物跡」『よねしろ考古』第6号　一九九〇年
林　謙作「大湯環状列石の配石墓(1)、(2)」『よねしろ考古』第7、8号　一九九一、九三年
鹿角市教育委員会『大湯環状列石発掘調査報告書(7)、(8)』一九九一、九二年
鹿角市教育委員会『特別史跡大湯環状列石環境整備基本構想』一九九二年
鹿角市教育委員会『特別史跡大湯環状列石発掘調査報告書(9)～(19)』一九九三～二〇〇三年
鹿角市教育委員会『特別史跡大湯環状列石環境整備基本計画』一九九五年
小林達雄「縄文ランドスケープと記念物」『國學院大學考古学資料館紀要』第13輯　一九九七年
鹿角市教育委員会『特別史跡大湯環状列石環境整備基本設計説明書』一九九八年
浅川滋男編「先史日本の住居とその周辺」『奈良国立文化財研究所シンポジウム報告』同成社　一九九八年
鹿角市教育委員会『特別史跡大湯環状列石環境整備事業報告書』二〇〇三年

大湯ストーンサークル館

・住　所　〒018-5421　秋田県鹿角市十和田大湯字万座 45 番地
・電　話　0186-37-3822
・開　館　4 ～ 10 月は 9：00 ～ 18：00、11 ～ 3 月は 9：00 ～ 16：00
・休館日　4 ～ 10 月は無休、11 ～ 3 月は月曜（祝祭日の場合、翌日）
　　　　　年末年始
・行き方　ＪＲ花輪線鹿角花輪駅より大湯温泉行きバスで 25 分、環状列石前下車
　　　　　ＪＲ花輪線十和田南駅よりタクシーで 15 分
　　　　　東北自動車道・十和田インターから車で 10 分

大湯環状列石の北東側隣接地にオープンした、遺跡のガイダンス機能と体験学習機能を有する施設。国立公園十和田湖から観光坑道マインランド尾去沢、観光ふるさと館あんとらあ、そして八幡平へと続くルート上にある。復元されつつある縄文時代の景観にとけ込むような木造平屋建てで、木のぬくもりを感じられる。屋外には、環状列石とほぼ同じ直径をもつ縄文広場が設けられている。

展示は「導入部」「環状列石がみせるいろいろな顔」「掘り起こされた環状列石の謎」「環状列石を支えた精神文化」「世界の巨石文化」のコーナーからなり、環状列石の構造やつくられた目的、環状列石の周辺の状況、そして台地でくり広げられた歴史や、調査で出土した土器、石器、土製品などを用いて大規模な環状列石の構築を支えた縄文時代の生活や精神文化をさまざまな角度から探求できる展示となっている。また縄文工房では、土器づくり、ペンダントづくり、土製品づくりなどの体験学習をおこなっている。

大湯ストーンサークル館

刊行にあたって

「遺跡には感動がある」。これが本企画のキーワードです。

あらためていうまでもなく、専門の研究者にとっては遺跡の発掘こそ考古学の基礎をなす基本的な手段です。また、はじめて考古学を学ぶ若い学生や一般の人びとにとって「遺跡は教室」です。

日本考古学では、もうかなり長期間にわたって、発掘・発見ブームが続いています。そして、毎年厖大な数の発掘調査報告書が、主として開発のための事前発掘を担当する埋蔵文化財行政機関や地方自治体などによって刊行されています。そこには専門研究者でさえ完全には把握できないほどの情報や記録が満ちあふれています。しかし、その遺跡の発掘によってどんな学問的成果が得られたのか、その遺跡やそこから出た文化財が古い時代の歴史を知るためにいかなる意義をもつのかなどといった点を、莫大な記述・記録の中から読みとることははなはだ困難です。ましてや、考古学に関心をもつ一般の社会人にとっては、刊行部数が少なく、数があっても高価なその報告書を手にすることすら、ほとんど困難といってよい状況です。

いま日本考古学は過多ともいえる資料と情報量の中で、考古学とはどんな学問か、また遺跡の発掘から何を求め、何を明らかにすべきかといった「哲学」と「指針」が必要な時期にいたっていると認識します。

本企画は「遺跡には感動がある」をキーワードとして、発掘の原点から考古学の本質を問い続ける試みとして、日本考古学が存続する限り、永く継続すべき企画と決意しています。いまや、考古学にすべての人びとの感動を引きつけることが、日本考古学の存立基盤を固めるために、欠かせない努力目標の一つです。必ずや研究者のみならず、多くの市民の共感をいただけるものと信じて疑いません。

著者紹介

秋元信夫（あきもと・のぶお）

1952年秋田県生まれ。1977年弘前大学理学部物理学科卒業。青森県教育委員会文化課を経て、1980年から鹿角市教育委員会に所属。御休堂遺跡、天戸森遺跡、新斗米館跡などの調査や大湯環状列石の環境整備事業に従事。大湯ストーンサークル館主幹、鹿角市教育委員会生涯学習課長、鹿角市立花輪図書館長を歴任して退職。

主な著作　「縄文人の思惟と自然」『ブナ林の民俗』（高志書院）、「縄文時代の生活と文化」『鹿角市史』第1巻（鹿角市）、「出羽北部の城館」『中世出羽の領主と城館』（高志書院）、「遺跡研究　環状列石」『縄文時代』第10号（縄文時代文化研究会）、「秋田県大湯環状列石」『縄文ランドスケープ』（アム・プロモーション）

写真の提供

図6上：小樽市教育委員会、図6下：青森市教育委員会、図7：鹿角市先人顕彰館、図11：秋田県生涯学習センター、図57：大湯ストーンサークル館

上記以外の写真：鹿角市教育委員会

図の出典

図3：国土地理院2万5千分の1地形図「毛馬内」、図10：諏訪冨多『特別史跡大湯環状列石発掘史』、図15・16：斎藤忠編『大湯町環状列石』、図20：水野正好「環状組石群の意味するもの」、図21：水野正好「ストーンサークルの意義」、図24：『大湯環状列石周辺遺跡発掘調査報告書（3）』、図25：『大湯環状列石周辺遺跡発掘調査報告書（2）』、図27：『大湯環状列石周辺遺跡発掘調査報告書（1）』、図32：『岩手の遺跡』岩手県埋蔵文化財センター、図36：『大湯環状列石周辺遺跡発掘調査報告書（6）』、図37・42：『特別史跡大湯環状列石環境整備事業報告書』

シリーズ「遺跡を学ぶ」017

石にこめた縄文人の祈り・大湯環状列石（おおゆかんじょうれっせき）

2005年　7月25日　第1版第1刷発行
2015年　4月25日　第1版第2刷発行

著　者＝秋元信夫

発行者＝株式会社 新 泉 社
東京都文京区本郷2-5-12
振替・00170-4-160936番　TEL03（3815）1662／FAX03（3815）1422
印刷／太平印刷社　製本／榎本製本

ISBN978-4-7877-0537-2　C1021

シリーズ「遺跡を学ぶ」第1ステージ（100巻＋別冊4）完結

A5判／96頁／定価各1500円＋税

第Ⅰ期（全31冊完結・セット函入 46500円＋税）

01 北辺の海の民・モヨロ貝塚 米村 衛
02 天下布武の城・安土城 木戸雅寿
03 古墳時代の地域社会復元・三ツ寺Ⅰ遺跡 若狭 徹
04 原始集落を掘る・尖石遺跡 勅使河原彰
05 世界をリードした磁器窯・肥前窯 大橋康二
06 五千年におよぶムラ・平出遺跡 小林康男
07 豊饒の海の縄文文化・曽畑貝塚 木﨑康弘
08 未盗掘石室の発見・雪野山古墳 佐々木憲一
09 氷河期を生き抜いた狩人・矢出川遺跡 堤 隆
10 描かれた黄泉の世界・王塚古墳 柳沢一男
11 江戸のミクロコスモス・加賀藩江戸屋敷 追川吉生
12 北の黒曜石の道・白滝遺跡群 木村英明
13 古代祭祀とシルクロードの終着地・沖ノ島 弓場紀知
14 黒潮を渡った黒曜石・見高段間遺跡 池谷信之
15 縄文のイエとムラの風景・御所野遺跡 高田和徳
16 鉄剣銘一一五文字の謎に迫る・埼玉古墳群 高橋一夫
17 石にこめた縄文人の祈り・大湯環状列石 秋元信夫
18 土器製塩の島・喜兵衛島製塩遺跡と古墳 近藤義郎
19 縄文の社会構造をのぞく・姥山貝塚 堀越正行
20 大仏造立の都・紫香楽宮 小笠原好彦
21 律令国家の対蝦夷政策・相馬の製鉄遺跡群 飯村 均
22 筑紫政権からヤマト政権へ・豊前石塚山古墳 長嶺正秀
23 弥生実年代と都市論のゆくえ・池上曽根遺跡 秋山浩三
24 最古の王墓・吉武高木遺跡 常松幹雄
25 石槍革命・八風山遺跡群 須藤隆司
26 大和葛城の大古墳群・馬見古墳群 河上邦彦
27 南九州に栄えた縄文文化・上野原遺跡 新東晃一
28 泉北丘陵に広がる須恵器窯・陶邑遺跡群 中村 浩
29 東北古墳研究の原点・会津大塚山古墳 辻 秀人
30 赤城山麓の三万年前のムラ・下触牛伏遺跡 小菅将夫
別01 黒耀石の原産地を探る・鷹山遺跡群 黒耀石体験ミュージアム

第Ⅱ期（全20冊完結・セット函入 30000円＋税）

31 日本考古学の原点・大森貝塚 加藤 緑
32 斑鳩に眠る二人の貴公子・藤ノ木古墳 前園実知雄
33 聖なる水の祀りと古代王権・天白磐座遺跡 辰巳和弘
34 吉備の弥生大首長墓・楯築弥生墳丘墓 福本 明
35 最初の巨大古墳・箸墓古墳 清水眞一
36 中国山地の縄文文化・帝釈峡遺跡群 河瀬正利
37 縄文文化の起源をさぐる・小瀬ヶ沢・室谷洞窟 小熊博史
38 世界航路へ誘う港市・長崎・平戸 川口洋平
39 武田軍団を支えた甲州金・湯之奥金山 谷口一夫
40 中世瀬戸内の港町・草戸千軒町遺跡 鈴木康之
41 松島湾の縄文カレンダー・里浜貝塚 会田容弘
42 地域考古学の原点・月の輪古墳 近藤義郎・中村常定
43 天下統一の城・大坂城 中村博司
44 東山道の峠の祭祀・神坂峠遺跡 市澤英利
45 霞ヶ浦の縄文景観・陸平貝塚 中村哲也
46 律令体制を支えた地方官衙・弥勒寺遺跡群 田中弘志
47 戦争遺跡の発掘・陸軍前橋飛行場 菊池 実
48 最古の農村・板付遺跡 山崎純男
49 ヤマトの王墓・桜井茶臼山古墳・メスリ山古墳 千賀 久
50 「弥生時代」の発見・弥生町遺跡 石川日出志

第Ⅲ期（全26冊完結・セット函入 39000円＋税）

51 邪馬台国の候補地・纒向遺跡 石野博信
52 鎮護国家の大伽藍・武蔵国分寺 福田信夫
53 古代出雲の原像をさぐる・加茂岩倉遺跡 田中義昭
54 縄文人を描いた土器・和台遺跡 新井達哉
55 古墳時代のシンボル・仁徳陵古墳 一瀬和夫
56 大友宗麟の戦国都市・豊後府内 玉永光洋・坂本嘉弘
57 東京下町に眠る戦国の城・葛西城 谷口 榮
58 伊勢神宮に仕える皇女・斎宮跡 駒田利治
59 武蔵野に残る旧石器人の足跡・砂川遺跡 野口 淳
60 南国土佐から問う弥生時代像・田村遺跡 出原恵三
61 中世日本最大の貿易都市・博多遺跡群 大庭康時
62 縄文の漆の里・下宅部遺跡 千葉敏朗
63 東国大豪族の威勢・大室古墳群〔群馬〕 前原 豊
64 新しい旧石器研究の出発点・野川遺跡 小田静夫
65 旧石器人の遊動と植民・恩原遺跡群 稲田孝司
66 古代東北統治の拠点・多賀城 進藤秋輝
67 藤原仲麻呂がつくった壮麗な国庁・近江国府 平井美典
68 列島始原の人類に迫る熊本の石器・沈目遺跡 木﨑康弘
69 奈良時代からつづく信濃の村・吉田川西遺跡 原 明芳
70 縄紋文化のはじまり・上黒岩岩陰遺跡 小林謙一
71 国宝土偶「縄文ビーナス」の誕生・棚畑遺跡 鵜飼幸雄
72 鎌倉幕府草創の地・伊豆韮山の中世遺跡群 池谷初恵
73 東日本最大級の埴輪工房・生出塚埴輪窯 高田大輔
74 北の縄文人の祭儀場・キウス周堤墓群 大谷敏三
75 浅間山大噴火の爪痕・天明三年浅間災害遺跡 関 俊明
別02 ビジュアル版旧石器時代ガイドブック 堤 隆

第Ⅳ期（全27冊完結・セット函入 40500円＋税）

76 遠の朝廷・大宰府 杉原敏之
77 よみがえる大王墓・今城塚古墳 森田克行
78 信州の縄文早期の世界・栃原岩陰遺跡 藤森英二
79 葛城の王都・南郷遺跡群 坂 靖・青柳泰介
80 房総の縄文大貝塚・西広貝塚 忍澤成視
81 前期古墳解明への道標・紫金山古墳 阪口英毅
82 古代東国仏教の中心寺院・下野薬師寺 須田 勉
83 北の縄文鉱山・上岩川遺跡群 吉川耕太郎
84 斉明天皇の石湯行宮か・久米官衙遺跡群 橋本雄一
85 奇偉荘厳の白鳳寺院・山田寺 箱崎和久
86 京都盆地の縄文世界・北白川遺跡群 千葉 豊
87 北陸の縄文世界・御経塚遺跡 布尾和史
88 東西弥生文化の結節点・朝日遺跡 原田 幹
89 狩猟採集民のコスモロジー・神子柴遺跡 堤 隆
90 銀鉱山王国・石見銀山 遠藤浩巳
91 「倭国乱」と高地性集落論・観音寺山遺跡 若林邦彦
92 奈良大和高原の縄文文化・大川遺跡 松田真一
93 ヤマト政権の一大勢力・佐紀古墳群 今尾文昭
94 筑紫君磐井と「磐井の乱」・岩戸山古墳 柳沢一男
95 東アジアに開かれた古代王宮・難波宮 積山 洋
96 鉄道考古学事始・新橋停車場 斉藤 進
97 北の自然を生きた縄文人・北黄金貝塚 青野友哉
98 北方古代文化の邂逅・カリカリウス遺跡 椙田光明
99 弥生集落像の原点を見直す・登呂遺跡 岡村 渉
100 「旧石器時代」の発見・岩宿遺跡 小菅将夫
別03 ビジュアル版縄文時代ガイドブック 勅使河原彰
別04 ビジュアル版古墳時代ガイドブック 若狭 徹